COURS

DE SCIENCES INDUSTRIELLES.

—

ÉCONOMIE

INDUSTRIELLE.

L'ÉCONOMIE INDUSTRIELLE comprend :

1 Economie de l'OUVRIER, in-18. . . . . of 75
2 Economie du FABRICANT, 1re et 2e parties,
   2 vol. in-18. . . . . 1 50
3 Economie du COMMERÇANT, in-18 (*s. presse*). » »
4 Economie du CULTIVATEUR, in-18 (*s. presse*). » »

Chaque partie se vend séparément.

A METZ,

Chez Mme THIEL, éditeur, rue du Palais, n° 2.

A PARIS,

Chez BACHELIER, quai des Augustins, n° 55.
   CARILLAN-GŒURY, quai des Augustins, n° 41.
   LECOINTE, quai des Augustins, n° 49.
   TREUTEL et WURTZ, rue de Bourbon, n° 17.
   CHARLES BECHET, quai des Augustins, n° 27.
   MALHER et compagnie, à la librairie scientifique
   et industrielle, passage Dauphine.

A STRASBOURG, chez F. G. LEVRAULT.
A NANCY, chez la Ve BONTOUX et GEORGES GRIMBLOT.
A TOUL, chez BASTIEN-CAREZ.
A BAR, chez LAGUERRE.

*Et chez les principaux libraires français et
étrangers; ainsi que les autres parties du* COURS DE
SCIENCES INDUSTRIELLES *de Metz, et les ouvrages
élémentaires suivans :*

ARITHMÉTIQUE des écoles primaires, par *C. L.
   Bergery*, in-18, 2e édition. . . . . of 50
GÉOMÉTRIE des écoles primaires, par *le même*,
   in-8°, avec planches. 1 50

LAMORT, IMP. DE L'ACADÉMIE ROYALE DE METZ.

ÉCONOMIE INDUSTRIELLE,

PAR

C. L. BERGERY,

ANCIEN ÉLÈVE DE L'ÉCOLE POLYTECHNIQUE, MEMBRE DE L'ACADÉMIE ROYALE
DE METZ ET D'AUTRES SOCIÉTÉS SAVANTES.

TOME III.

ÉCONOMIE DU FABRICANT.

DEUXIÈME PARTIE.

———

METZ.

CHEZ Mme THIEL, RUE DU PALAIS.

—

1831.

CONDUITE

D'UNE FABRIQUE.

Sous ce titre, *conduite d'une fabrique*, nous étudierons les principes d'après lesquels doit agir le fabricant pour rendre, si non certain, du moins extrêmement probable, le succès de son entreprise, ou pour réaliser, autant que les circonstances le permettront, le bénéfice annuel dont la possibilité a été démontrée par la discussion approfondie du projet.

La carrière industrielle peut être comparée à ces jeux où le hasard et le bien-jouer, tantôt se secondent, tantôt se contrarient; dans le premier cas, la partie est aisément et promptement gagnée; dans le second, la lutte se prolonge et se trouve entremêlée de succès et de revers: on gagne enfin, si le hasard partageant ses faveurs, laisse à la science la plus forte part de l'influence qu'elle devrait exercer; mais on perd, malgré toute son habileté, si la fortune se plaît à rendre funestes les combinaisons le plus capables d'assurer le triomphe.

Ne soyez donc jamais trop confiant; nourrissez plutôt la crainte salutaire d'échouer dans votre entreprise: la vigilance et la prudence qu'elle vous inspirera, atténueront peut-être quelques mauvaises chances et rendront plus probable la réussite de vos spéculations. Mais, que la timidité ne vous fasse jamais abandonner la voie que tracent les principes : il n'y aurait plus qu'incertitude et embarras dans votre marche, et une catastrophe vous laisserait de poignans remords. On peut se relever, on peut être heureux encore, quand un pareil événement est aux yeux de tous, l'effet de circonstances fortuites; il n'y a plus de tentative, ni de bonheur possibles, lorsqu'on est forcé de se dire : c'est ma faute. Personne ne vous tend la main; vous restez seul, sans secours, sans consolation, avec un malheur mérité.

ASSURANCE DE LA FABRIQUE.

Dès que les bâtimens de votre usine sont terminés, que les machines sont établies, que les matières premières sont emmagasinées, vous devez faire assurer toute cette masse de capitaux contre l'incendie, et s'il est possible, contre les risques de guerre, d'émeute, de tremblement de terre, etc. Il faut que l'assurance précède la mise en activité; c'est le premier acte de gestion, ou si vous voulez, c'est l'acte par lequel tout homme sage voudra passer de l'établissement à la conduite d'une fabrique. Vous ne sauriez trop tôt vous mettre à l'abri des événemens qui peuvent non-seulement renverser vos espérances, mais encore détruire cette grande partie de votre fortune que vous venez d'engager.

Assurance à prime. Je ne connais point de compagnie qui assure aujourd'hui contre une destruction provenant de la guerre, des secousses politiques ou de celles du sol; mais il en est plusieurs qui garantissent pour les dommages causés par l'incendie ou par la foudre. Une de celles qui méritent le plus de confiance, c'est la compagnie royale d'assurances. Ses comptes pour 1830 font voir que les capitaux assurés par elle, à la fin de cette année, montaient à 2832081117^f, et qu'elle avait reçu 3486849^f pour prix de sa garantie pendant un an. Ce prix, qu'on appelle aussi *prime d'assurance*, est donc moyennement d'environ 1^f,20 pour mille francs, ou de 12 centimes pour cent. Mais, il convient de porter la prime à 13 centimes, attendu que d'après les mêmes comptes, chaque assuré a payé, terme moyen, 19^f pour faire garantir un capital de 15029^f.

D'un autre côté, l'assurance de la 7e année est gratuite, et cette clause réduit à 11 centimes la prime moyenne.

Il est dit aussi dans les mêmes comptes, que 1352 assurés ont recueilli en 1830 le fruit de leur sage prévoyance. Si chacun d'eux eût eu à réclamer 15029^f, la compagnie aurait fait de grandes pertes, car les dédommagemens se seraient élevés à 20319208^f, tandis que les recettes n'ont pas dépassé 3486849^f; mais il est certain que le *sinistre* ou dommage à réparer aux frais de la compagnie, est rarement égal au capital assuré, et c'est pour cela même qu'au lieu d'être en perte, les assureurs font annuellement d'assez forts bénéfices. Il est juste qu'il en soit ainsi : l'assurance est une entreprise industrielle, et comme toute autre, elle doit donner des bénéfices proportionnés aux pertes possibles ; on ne saurait exiger qu'en affaires commerciales un homme s'expose à des chances malheureuses, uniquement pour en préserver ses semblables; un contrat, un marché n'est loyal que dans le cas où chacune des parties contractantes y trouve de l'avantage, et il n'y a pas ici autre chose qu'un marché : l'assureur vend à l'assuré, pour 11 centimes, sa garantie de 100^f pendant un an.

Mais, direz-vous, l'avantage de l'assureur est peut-être trop grand, en comparaison de celui de l'assuré ? — Cela pourrait être, et cela serait sans doute, s'il n'y avait pas concurrence ; mais comme il existe déjà bon nombre de compagnies d'assurances qui cherchent, à l'envi les unes des autres, à se former une grande clientelle, il est présumable que leur gain est bien près du taux où il doit être pour couvrir les frais d'administration et laisser le bénéfice net qu'exigent les chances de perte.

Vous pouvez donc, sans crainte d'être pris pour dupes, faire assurer tous ceux de vos biens, meubles et immeubles, qui se trouvent exposés à être détruits par le feu. C'est un acte de sagesse que vous commandent votre propre intérêt et celui de vos familles. Songez que vous êtes responsables envers elles de la fortune qui vous a été léguée par vos pères, et que vous seriez coupables, si, pour ne pas diminuer de quelque chose votre revenu, vous refusiez d'en mettre la source à l'abri des causes de des. truction les plus ordinaires et les plus inévitables. Sa conservation est-elle donc à si haut prix? Qu'est-ce que 11 centimes par rapport à 100^f? 11 dix-millièmes, pas davantage. Et quand bien même vous seriez obligés de payer la prime la plus élevée, celle de 1^f,50 pour cent qu'on exigerait de filatures de coton chauffées par des poêles, éclairées par des quinquets, construites en bois et couvertes en chaume; ne vaudrait-il pas mieux sacrifier chaque année les 15 millièmes de votre fortune, que d'être sans cesse exposés à la voir dévorer soudainement par les flammes? — En 30 ans, direz-vous, elle passera entre les mains des assureurs, puisque ce temps suffit pour qu'un versement annuel de 1^f,50, placé à intérêts composés, produise 100^f (T. II, p. 62). — Mais, ne faites-vous donc aucune différence de perdre une somme de 100^f aujourd'hui même, ou de la perdre peu à peu en 30 années? Engagée dans la fabrique pour le même temps à-peu-près, elle vous rapportera une annuité de 1^f,50 (page 143), et c'est seulement, cette annuité que vous céderez à la compagnie d'assurance; en outre, le bénéfice net que 100^f vous mettront à même de faire, sera au moins de 5^f, et comme ce bénéfice entrera dans vos capitaux circulans, les 100^f doivent être censés placés à intérêts composés ; ils vous procureront ainsi 332^f, puisqu'ils deviendront en 30 années 432^f. Vous acquerrez donc 332^f, si, par un sacrifice annuel de 1^f,50, vous assurez la conservation de vos 100^f, tandis qu'en un seul jour vous pourriez voir votre fortune réduite à zéro, si vous teniez obstinément à conserver en totalité l'excès du prix de vente, sur les avances de capitaux circulans.

Remarquez d'ailleurs qu'en discutant le projet de fabrique, vous avez dû faire entrer la prime d'assurance dans les frais de conservation (T. II, p. 185), qu'elle sera payée par le consommateur, et que par conséquent elle n'est plus un véritable sacrifice.

Mais, répliquez-vous, c'est toujours abandonner le capital à l'assureur, que de lui payer une prime égale à l'annuité. — Qu'importe? la question est de savoir s'il faut préférer un avoir incertain de 432^f à un avoir certain de 332^f. Celui qui hésiterait ne passerait-il pas à bon droit pour un insensé? En toute chose, il est sage de faire la part de la fortune; elle vend ses faveurs et ne les donne pas; les vouloir toutes et entières, c'est s'exposer à la voir les retenir ; elle reconnaît les âmes avides, quoique aveugle, et semble prendre un malin plaisir à les châtier, en trompant leurs espérances.

Assurance du mobilier. Quelques personnes

se rendront peut-être à l'évidence du calcul que nous venons de faire, et se hâteront de placer leurs capitaux productifs sous la sauvegarde de l'assurance. Mais ce n'est pas assez; elles doivent aussi acheter la même garantie pour le mobilier de leurs habitations. Il est bien vrai qu'il leur en coûtera au moins 10 centimes pour 100^f, par année, ou la valeur même du capital au bout de 80 ans (T. II, p. 62), et que cette dépense ne sera couverte par aucun bénéfice, puisque les meubles sont des capitaux improductifs de revenu. Mais, si ces meubles devenaient la proie des flammes seulement dans la 31me année, il faudrait les remplacer et perdre l'intérêt du capital qu'on engagerait ainsi. Or cet intérêt, compté simplement à 5 pour cent, causerait précisément une perte de 100^f en 49 ans. On ne serait donc pas plus riche à la fin de la 80me année, et ou le serait bien moins, si l'incendie avait lieu beaucoup plus tôt, ou si, pour se donner un nouveau mobilier, on se trouvait obligé de diminuer ses capitaux circulans qui rapportent plus d'un vingtième.

Il est possible, objecterez-vous, que les 80 ans se pasent sans qu'on éprouve le malheur d'un incendie. — Sans doute, mais le contraire est possible aussi: en 1830, la compagnie royale a compté un incendié sur 139 assurés; elle a eu à payer moyennement quatre sinistres par jour et en totalité 0^f,06 pour cent. Qui peut répondre de ne pas être une des 43800 victimes que sera le fléau du feu dans un laps de 30 années, parmi 188441 individus, et de ne pas voir anéantir entièrement son capital, au lieu d'en perdre seulement les 6 dix-millièmes ? Il est peu de personnes qui ne connaissent une malheureuse famille ruinée par un pareil désastre. Et cependant, combien est encore faible la portion des richesses de la France assurée contre l'incendie ! Combien peu de propriétaires et de fabricans se sont empressés jusqu'ici de profiter des garanties qui leur sont offertes depuis 11 ans ! A quoi tient donc cette inertie coupable, cette torpeur funeste ?

Et l'on reproche aux français leur légèreté ! Pour les futilités, pour passer du bien au mal, oui, il en est peut-être quelque chose ; mais quand il s'agit d'heureuses innovations, nous sommes pour le moins tout aussi routiniers qu'aucun peuple de l'univers. Qu'on se rappelle la longue répugnance de toutes les classes pour la pomme de terre ! Que l'on compte l'immense partie de la population qui se refuse encore aux bienfaits de la vaccine, qui préfère s'exposer soit à perdre ses enfans, soit à les voir défigurés et infirmes ! Qu'on songe enfin aux résistances si fortes, si tenaces qu'éprouvent le perfectionnement de l'agriculture et celui de l'instruction publique ! et l'on verra si la constance dans les mauvaises voies n'est pas autant du caractère de notre nation, que de celui des peuples les plus stationnaires.

Assurance mutuelle. L'assurance à prime n'est pas le seul mode de garantie qui soit offert aux propriétaires d'immeubles. Il existe sur plusieurs points de la France des sociétés d'assurance mutuelle, pour tous les bâtimens que n'exposent pas trop aux incendies, la nature de leurs matériaux et leur destination. Les sociétaires versent une première mise qui forme un fonds de garantie et dont les intérêts servent à couvrir les frais d'administration. Ils n'ont plus rien à payer ensuite, jusqu'au moment où l'un d'eux vient réclamer la réparation d'un dommage causé par un incendie ordinaire ou par le feu du ciel. Alors, tous les associés contribuent pour l'indemnité, proportionnellement aux valeurs assurées, et les contestations, s'il y en a, sont jugées par des arbitres.

Telles sont du moins les principales dispositions des statuts qui régissent la Société d'assurance mutuelle formée en 1820, pour la ville de Metz. La première mise y est fixée à 0^f,10 pour cent, les assurances s'élèvent à 33 244 700^f, le fonds de garantie est de 36 755, et les associés n'ont encore payé pour sinistres que 0^f,165 pour cent, ce qui fait tout juste 0^f,015 par année.

Comparaison des deux modes. Ainsi, le prix de l'assurance mutuelle n'est pas même le septième du prix de l'assurance à prime pour les immeubles. A la vérité, la première mise des sociétaires et ses intérêts composés forment une contribution qui n'est point exigée de l'assuré à prime. Mais d'un autre côté, celui-ci abandonne tous les intérêts composés des 0^f,11 pour cent qu'il paie moyennement chaque année, tandis que l'assurance mutuelle laisse aussi longtemps qu'elle le peut, la rétribution de 0^f,015 pour cent, entre les mains de ses sociétaires : pendant les neuf premières années de son existence, elle ne leur a demandé que 0^f,025 pour cent, et c'est seulement en 1830 qu'ils ont eu à verser le reste des 0^f,165 pour cent.

Au reste, il est facile de voir par le calcul, que l'assuré à prime paierait une somme égale à son capital en 79 ans, et que le sociétaire de l'assurance mutuelle devrait payer annuellement 0^f,10 au moins par cent, pour se trouver dans le même cas. Or, les faits prouvent que pendant 11 ans, il n'a guère payé que le sixième de ce taux (*). En cherchant combien il faudrait d'an-

----

(*) Si nous nommons p le taux de la prime ou du versement annuel d'un assuré, q le taux de la première mise et n le nombre d'années nécessaires pour que ces sommes produisent le capital 100^f, nous aurons entre ces quantités, l'équation

$$\frac{p\left(\frac{21}{20}\right)^n - p}{\frac{1}{20}} = 100,$$

dans le cas de l'assurance à prime, et l'équation

nées pour que ses contributions formassent son capital, on trouverait 110 ans, presque moitié en sus du temps nécessaire à la prime moyenne de 0^f,11.

L'immense avantage de l'assurance mutuelle de Metz tient à ce qu'elle se borne aux bâtimens d'une grande ville, où les secours contre le feu sont parfaitement organisés, à ce qu'elle ne s'étend point aux usines ni aux magasins qui présentent de nombreuses chances d'incendie, et à ce que la simplicité de son administration n'en élève les frais moyens qu'à 1014^f,44 par année.

Résumé.

L'intérêt bien entendu d'un fabricant doit le porter à faire entrer dans l'assurance mutuelle tous ceux de ses bâtimens qui peuvent y être reçus, et à placer les autres, ainsi que tout son mobilier, sous la garantie d'une compagnie d'assurance à prime.

$$\frac{p\left(\frac{21}{20}\right)^n - p}{\frac{1}{20}} + q\left(\frac{21}{20}\right)^n = 100,$$

dans le cas de l'assurance mutuelle. Ces formules donnent les moyens de comparer les deux modes, quels que soient p et q. Il faut observer toutefois que si l'on trouvait la même valeur pour n, l'avantage serait encore du côté de l'assurance mutuelle, puisqu'au lieu d'y faire un versement annuel, on ne paie qu'à l'époque de chaque sinistre.

APPROVISIONNEMENS.

L'approvisionnement de la fabrique en matières premières est une opération qui doit se faire aussi dès que l'établissement est terminé; elle devrait même précéder cette époque, car on est souvent obligé de s'approvisionner au loin, le transport des marchandises demande du temps, et il est d'une grande importance de produire aussitôt que l'état de la fabrique le permet : point de travail sans matières premières, et sans travail, point de bénéfices, ni même d'intérêts pour les capitaux engagés.

Promptitude nécessaire. Le temps est si précieux pour l'homme qui ne peut accroître ou seulement conserver sa fortune qu'au moyen de ses opérations industrielles, que je ne saurais trop vous recommander la promptitude, soit pour le premier approvisionnement, soit pour tous les autres. Vous devez prévoir le moment où vos magasins se trouveront vides et faire vos dispositions pour qu'ils se remplissent avant qu'ils ne soient entièrement épuisés.

Si vous jugez nécessaire de choisir vous-même vos matières premières, si vous avez lieu de croire que votre présence vous fera obtenir de plus avantageuses conditions, il faut vous transporter rapidement aux sources où vous devez puiser, ne pas perdre un instant pour conclure le marché, et revenir en toute hâte à vos ateliers, où rien ne peut suppléer à l'œil

du maître. C'est presque toujours une dépense
bien faite que celle qui abrège le voyage d'un
fabricant : elle se trouve couverte et parfois
surpassée par le surcroît de profit que procure
un retour anticipé de 24 heures, ou par la
perte qu'il fait éviter. Gardez-vous des calculs
de ces gens à vue courte qui suputent très-bien
la petite économie de frais qu'ils pourront faire,
en voyageant à pied ou avec leur propre cheval,
au lieu d'aller en diligence ou en poste, et qui ne
songent pas du tout au tort pécuniaire que leur
causera chaque jour d'absence ; cherchez à l'é-
valuer et tenez-en compte dans la comparaison
des différens modes de voyage.

C'est surtout quand on est déterminé à faire
son approvisionnement durant le bas prix de la
marchandise, qu'il faut se hâter d'arriver au
marché : en 24 heures, le cours peut changer ;
il suffit même qu'un courrier de commerce ou
une lettre vous précède de quelques instans,
pour que vos achats dépassent de plusieurs milliers de francs vos prévisions. Quels regrets n'auriez-vous pas alors d'avoir tenu à faire une mince
économie !

Choix du marché. Il est une autre sorte d'é-
conomie qu'il ne faut pas non plus trop rechercher ; c'est celle du bénéfice des négocians. Certainement ce bénéfice s'ajouterait au vôtre, si
vous pouviez le réaliser sûrement, en achetant,
comme eux, dans les lieux mêmes où la marchandise est produite ; mais il y aurait à craindre

2 *

que la spéculation d'où ils tirent un profit, ne fût pour vous une cause de perte. *Chacun son métier,* dit un proverbe; c'est le moyen que tout le monde vive et prospère. La division du travail, la diversité des professions sont nécessaires, indispensables, puisqu'elles se sont établies d'elles-mêmes, peu-à-peu, et par la seule force des choses; elles ne seraient pas arrivées, sans lois, sans ordonnances, au point où nous les voyons aujourd'hui, si elles n'eussent pas été avantageuses à tous les membres de la société humaine. De nos jours, personne n'exerce deux professions que là où une seule ne pourrait le faire vivre. Vous trouvez, par exemple, dans une très-petite ville, que l'épicier est en même temps apothicaire, directeur de la poste aux lettres et buraliste pour la loterie; dans toutes nos communes rurales, le maître d'école est à la fois chantre de l'église et greffier du maire; mais dans une grande cité, vous voyez que le travail du fer donne lieu à presqu'autant de métiers, que ce métal peut fournir de produits différens; il y a des cordonniers qui se bornent à faire des bottes, d'autres travaillent seulement aux souliers d'hommes, d'autres s'occupent exclusivement de la chaussure des femmes, d'autres enfin se vouent au raccommodage; vous voyez dans une rue plusieurs fabricans de drap, tout à côté est un marchand de drap en gros, et à deux portes plus loin, un marchand de drap en détail. Chacun de ces entrepreneurs d'industrie trouve son compte à s'occuper uniquement et constamment d'une même spéculation. La répétant sans cesse, il a pu l'étudier à fond, en réduire les frais au taux le plus bas et en élever les bénéfices autant que faire se pouvait.

Rien n'est plus commun que de rencontrer des gens qui, sans être négocians, se croient capables de faire avantageusement une grande opération commerciale. — En quoi consiste-t-elle, se disent-ils ? tout simplement à écrire au producteur d'une marchandise, à recevoir cette marchandise qu'un roulier vient déposer dans votre magasin, et à payer. — Sans doute ; en résumé, l'industrie commerciale se réduit à faire des achats et à transporter les produits, pour les mettre à la portée des consommateurs. Mais tout cela ne se fait pas sans faux frais et sans risques. Les frais, même ceux du transport, seront moins grands pour le négociant que pour vous qui, absorbé par les détails de votre fabrique, ne pouvez bien connaître ni les prix usités dans telle ou telle localité, pour l'emballage, le chargement, l'emmagasinage chez le commissionnaire, ni le taux de la commission, ni celui des frais de voiture : attendez-vous à être trompé sur tous ces prix, si l'on peut croire que vous les ignorez.

Les risques sont nombreux : selon la nature de la marchandise, la pluie, le froid, la sécheresse, la chaleur peuvent causer de graves avaries; le vol, l'incendie, la submersion font perdre trop souvent une forte partie du chargement d'une voiture ou d'un bateau ; quelquefois même on perd le tout. Que ces accidens, ces malheurs arrivent au négociant une ou plusieurs fois dans l'année, il en résulte un déchet total à répartir sur toute la grande masse de marchandises qui est entrée dans ses magasins, et ses bénéfices peuvent n'en être que faiblement diminués. Mais les vôtres seront gravement altérés et se changeront peut-être en une perte considérable, si, des deux ou trois transports que vous ferez exécuter par an, un seul vient à vous manquer : point de recours à exercer contre le voiturier ou le commissionnaire, si le désastre est dû à une force majeure, et votre fabrique chômera jusqu'à l'arrivée d'une nouvelle commande.

Ainsi, pour ravir au négociant un bénéfice qui ne serait guère que l'excès de vos frais sur les siens, vous vous exposeriez à des chances fort malheureuses. La sagesse repousse une pareille combinaison ; elle ne pourrait l'admettre que dans le cas où l'économie à faire, multipliée par le nombre des chances de succès, égalerait le produit de la perte moyenne possible, par le nombre des mauvaises chances. Or, vous avez tout lieu de craindre que cette égalité n'existe pas pour vous, et si elle existait, vous joueriez tout simplement avec le hasard un jeu égal qui ne servirait qu'à vous faire perdre votre temps.

Ne songez donc pas à vous approvisionner au loin ; mais d'un autre côté, diminuez le plus que

vous pourrez, sans vous exposer, le nombre des
intermédiaires entre le producteur et vous; car le
prix des marchandises va s'augmentant de tous
les bénéfices qu'elles laissent dans les diverses
mains où elles passent. Si, par exemple, vous
êtes filateur de coton, vous ne tirerez pas de
l'Inde, le coton en laine : il vous faudrait pour
cela des agens et des vaisseaux qui compliquent
raient vos affaires outre mesure. Mais, au lieu de
prendre la matière première à Paris, il sera
mieux de l'acheter d'un négociant du Hàvre. Si
vous êtes fabricant de drap et que vous ayez
besoin de laine de Saxe, vous trouverez peut-
être plus de profit à vous adresser aux négocians
français, qu'à ceux de Leipsig. Si vous êtes cor-
donnier dans une ville dépourvue de tanneurs,
il sera sage d'entrer en affaires avec le marchand
de cuirs le plus voisin. Si enfin vous exercez
la profession de liquoriste, vous courrez moins
de mauvaises chances et vous verrez plus clair
dans vos spéculations, en achetant l'esprit-de-
vin et le sucre dans votre ville, qu'en demandant
l'un à Montpellier et l'autre à Bordeaux.

N'oubliez jamais que les affaires commerciales
ne sont que secondaires pour le fabricant : son
affaire principale est la production; c'est celle
qu'il connait le mieux, et par conséquent celle
qui doit lui rapporter le plus ; l'entremêler
d'opérations de négoce, ce serait la compromettre; chercher à cumuler tous les bénéfices,
c'est risquer de n'en faire aucun.

Choix des matières. Je ne puis trop recommander au fabricant qui s'approvisionne, de n'acheter que du bon et de ne pas se laisser tenter par le bas prix de marchandises défectueuses. Elles sont presque toujours plus chères que les autres, à cause de l'énorme déchet qu'elles éprouvent, par suite des nombreux rebuts qu'on se trouve obligé de faire, au moment de leur emploi. Si l'on se refuse à ces rebuts, si l'on veut à toute force profiter du prétendu bon marché, on confectionne des produits dont la qualité se ressent de celle des matières, et deux ou trois ventes de ces produits suffisent pour donner à la fabrique une réputation qui en éloigne à jamais les acheteurs, quelques efforts et quelques sacrifices qu'on fasse ensuite pour les rappeler. Tout homme peut être trompé, et le plus confiant l'est le plus facilement, sans doute ; mais aussi les abus de confiance ne se pardonnent jamais, et le fabricant qui se rend coupable d'un seul, commence sa ruine : désireux de retrouver les bénéfices que cet acte lui a fait perdre en diminuant les ventes, il s'efforce de compenser le nombre de ses profits par leur taux ; il trompe de plus en plus pour le grossir ; de plus en plus aussi la fabrique perd ses habitués, et bientôt enfin ce n'est plus qu'un bâtiment à vendre.

Choix de l'époque. Il y a des matières premières dont la production ne peut être achevée par l'homme, ou qui ne peuvent recevoir leur perfection que du temps et des forces de la nature; elles doivent, après leur sortie des mains de l'ouvrier, faire un long séjour dans les magasins, pour y acquérir la qualité nécessaire à la solidité, à la durée des produits. D'autres matières sont au contraire exposées à s'altérer sous l'influence de l'air, et il convient de les mettre promptement en œuvre. Une troisième sorte est pour ainsi dire insensible à l'action du temps et peut être employée quand on veut.

Nulle difficulté pour déterminer l'époque où doit être fait l'achat des marchandises de la seconde sorte : il est clair qu'elles ne doivent arriver à la fabrique que vers le moment où elles y sont nécessaires. Quant aux autres, il est bon de s'en approvisionner seulement assez à temps pour que la fabrique ne puisse jamais chômer. Vous aurez moins de risques à courir, sous le rapport du vol, de l'incendie et de l'abaissement des prix, en laissant s'achever dans les magasins du producteur ou du négociant, la préparation des matières de la première sorte, et en n'y prenant celle de la troisième qu'au moment du besoin; vos bâtimens seront moins nombreux ou moins vastes, et il vous restera une plus grande masse de capitaux circulans.

Ne croyez pas toutefois que vous serez ainsi affranchis de tout risque, jusqu'à l'instant où les marchandises passeront à votre compte. Certainement, le producteur ou le négociant qui sait calculer comme vous, ne manquera point de comprendre dans ses prix, les primes d'assurance qui lui sont dues pour tout le temps de sa garde. Mais, ces primes seront en totalité moins élevées que celles dont vous auriez à exiger le paiement, parce que votre vendeur faisant de la surveillance une affaire capitale, court en réalité moins de chances défavorables qu'il n'y en aurait pour vous, et parce que ces chances se répartissent chez lui sur une plus grande masse de marchandises. Dussiez-vous, au reste, ne rien gagner sur les frais de conservation, vous jouiriez toujours du grand avantage d'avoir moins de capitaux engagés dans des bâtimens et un plus fort capital circulant en numéraire.

Certains fabricans savent à la fois éviter les frais de garde et ménager leurs capitaux pécuniaires; mais bien qu'ils fassent ainsi de plus forts bénéfices et préviennent plusieurs embarras financiers, ils ne sont pas à imiter. Quel est leur moyen? c'est d'acheter les matières premières dans l'état où elles sortent des mains du dernier ouvrier, et de les employer sur-le-champ, quoiqu'elles aient encore besoin d'une longue préparation naturelle. On voit, par exemple, des menuisiers, des ébénistes mettre en œuvre du bois auquel il faudrait plusieurs années de dessication. Qu'y gagnent-ils? Quelques francs sur chaque pratique; mais jamais ils ne deviennent riches. Les consommateurs qui s'aperçoivent bientôt que leurs boiseries ou leurs meubles se tourmentent, se gercent, se fendent, ne retournent plus dans les ateliers d'où sortent des produits si défectueux, et ils empêchent même leurs amis et leurs connaissances d'y faire des commandes. — Vous voulez un bon menuisier, disent-ils? Je me garderai bien de vous indiquer le mien, car je veux en changer ; il travaille bien, mais c'est un *fripon*.

Comment ! allez-vous dire, vous appelez un homme fripon, parce qu'il emploie du bois vert ! — Quel nom mérite-t-il, je vous prie? Qui trompe en faisant payer comme bon ce qui est mauvais, est un fripon ou le dictionnaire a tort. — Mais, s'il n'a pas de bois sec? — Qu'il s'en procure ; les magasins en sont pleins. — Et s'il n'a pas d'argent ? — On lui fera crédit, soit pour lui-même, soit pour le consommateur qui n'hésitera pas à répondre, quand il trouvera un homme résigné à manquer d'ouvrage plutôt que de bonne foi. — Et si le consommateur est un de ces cœurs durs, bien plus craintifs pour leur argent qu'admirateurs d'une belle action? — Il restera au menuisier la ressource de travailler à des produits qui ne demandent pas des bois parfaitement desséchés. A sa place, au reste, dussé-je être réduit à tendre la main, je préférerais cette humiliation à la honte de tromper celui qui m'aurait donné sa confiance. Un homme doué de force et de courage parvient toujours à sortir d'embarras ; mais du déshonneur, on n'en sort qu'avec une extrême difficulté : il faut bien des années de la

3

plus scrupuleuse probité, pour faire oublier une friponnerie.

Je n'ai jamais pu concevoir que nombre de fabricans soient si peu soigneux de leur réputation. Lorsqu'ils se plaignent de ne point prospérer, de mettre à peine *les deux bouts ensemble*, malgré tous leurs efforts, n'est-on pas en droit de leur répondre : c'est votre faute ; voyez votre confrère qui n'a jamais eu qu'une seule parole, qui a toujours rempli ses engagemens avec la plus scrupuleuse exactitude, à qui l'on ne pourrait reprocher d'avoir trahi une seule fois la confiance de ses correspondans : il a fait fortune. Hé bien ! vous eussiez eu, ou vous auriez probablement le même bonheur, si comme lui vous aviez toujours pris l'honneur pour guide. C'est surtout l'entrepreneur d'industrie qui peut dire que *bonne renommée vaut mieux que ceinture dorée.*

Modes d'achat. Il nous reste à examiner la manière la plus avantageuse d'acheter les matières premières. Vous pourrez faire le marché *au comptant* ou *à terme.* Acheter au comptant, c'est payer ou compter la somme convenue au moment où l'on enlève la marchandise ; acheter à terme, c'est fixer un terme, une époque plus ou moins éloignée, pour effectuer le paiement. Dans le premier cas, le capital ni le bénéfice du vendeur ne sont compromis, et ils peuvent être employés sur-le-champ à d'autres opérations qui produiront un nouveau bénéfice. Dans le second cas, le vendeur qui abandonne sa marchandise sans en toucher la valeur, doit craindre de perdre une partie de ses fonds, par suite d'une faillite possible et des frais de recouvrement qu'elle occasionnerait, frais d'autant plus grands que les domiciles des deux contractans sont plus éloignés. En outre, il renonce à l'intérêt de son argent pour tout le délai accordé. Il est donc juste qu'il comprenne dans le prix de vente, une prime d'assurance proportionnée aux risques et un intérêt au moins égal à celui que lui demanderait un prêteur.

Ainsi, vous paierez plus cher la marchandise en l'achetant à terme qu'en l'achetant au comptant. La différence est ordinairement de 1^f pour cent, par mois de délai; mais quelquefois elle est plus forte et s'élève jusqu'à 10 pour cent, lorsque le terme est de 6 mois : la preuve, c'est que si vous payez en prenant livraison, après avoir acheté à crédit, vous obtenez une réduction de 1 à 2 pour cent, par mois, ce qu'on appelle *remise*, *escompte*, ou *bonification*, selon le genre d'affaires. Or, il est clair que vous auriez grand avantage à emprunter, s'il le fallait, la somme nécessaire au paiement de votre approvisionnement ; car 1 pour cent par mois en sus du prix réel, revient à un intérêt de 12 pour cent par an, et certainement vous trouverez de l'argent à un taux bien moindre, pour peu que vous inspiriez de confiance.

Craindriez-vous de faire connaître, en re-

courant à un banquier ou à un capitaliste de
votre ville, que vous n'êtes point en fonds, et
de nuire ainsi à votre crédit? Cette crainte ne
serait point raisonnée, car si vous ne *réglez* pas
le compte en argent, vous le réglerez en *billets*
à ordre, c'est-à-dire que vous remettrez au vendeur des promesses écrites de payer des sommes
déterminées, aux époques convenues et entre les
mains des personnes indiquées dans les ordres
qu'il vous donnera au dos de ces promesses; or,
ces billets seront donnés, par le vendeur, en
paiement à un tiers qui les passera de la même
manière à un autre individu, et de négociation
en négociation, ils parviendront à quelqu'un de
votre ville, ou à un homme qui croira devoir y
prendre des informations sur votre solvabilité,
et alors vos précautions pour cacher un besoin
de crédit auront été tout-à-fait vaines. Pourquoi
d'ailleurs vouloir faire mystère d'un emprunt?
Il serait plus avantageux sans doute de n'en point
contracter; mais prendre des fonds chez un
banquier pour payer un achat, est une chose
tout aussi usitée dans les affaires industrielles,
que d'y porter le numéraire momentanément
inutile. Le déshonneur, ni le discrédit ne résultent point d'une pareille opération; c'est le
manque de foi et le défaut d'exactitude dans
le remboursement d'un emprunt, qui les font
naître.

Modes de paiement. Vous venez de voir qu'il
y a deux manières de payer une marchandise :

on compte des écus au vendeur ou bien on lui remet des billets à ordre. Mais il n'est pas nécessaire que ces billets soient des promesses directes de l'acheteur ; il peut les avoir reçus lui-même en paiement, et dans ce cas, il lui est permis de substituer ces promesses d'un tiers aux siennes propres, moyennant qu'il les *endosse*, c'est-à-dire moyennant que par sa signature apposée au dos, il donne à son débiteur l'ordre de payer entre les mains de son créancier : cet ordre, cet *endossement* équivaut à une garantie de la promesse et vaut mieux même qu'une simple promesse directe ; car si le premier signataire du billet n'y fait pas honneur, c'est le dernier ou tout autre des *endosseurs* précédens qui doit payer.

Il faut savoir encore qu'à cause de la multitude d'affaires que les départemens font avec la capitale, des fortes sommes que les banquiers et les négocians sont obligés d'y faire payer à tout moment, et de la cherté du transport de l'argent, les billets ou *effets* payables au bout de 3 mois, à Paris, sont considérés comme écus, quand le crédit fait à l'acheteur est de 6 mois, ce qui est le délai ordinaire Et cet usage est suivi à Paris même, comme ailleurs, parce qu'on s'y sert de l'effet à 3 mois pour payer comptant les dettes contractées en province.

Cela posé, voici comment vous pourrez solder votre compte d'approvisionnement. Avant de

3 *

partir, vous verserez chez votre banquier la somme dont vous croirez avoir besoin, et vous lui demanderez en échange, des effets sur Paris à 3 mois. Ce sera comme si vous lui abandonniez $\frac{5}{4}$ pour cent, l'intérêt étant supposé à 5, car 3 mois font le quart d'une année. Satisfait de gagner $\frac{1}{4}$ pour cent, tout en remplissant sa caisse, il vous fera une bonification de 1 pour cent, à titre de restitution, c'est-à-dire qu'il vous remettra un effet de 101^f, par exemple, pour 100^f que vous lui aurez comptés. Achetant alors à 6 mois et soldant avec vos effets à 3 mois considérés comme écus, vous obtiendrez 6 pour cent d'escompte ou vous paierez seulement 101^f une marchandise qui vous aurait coûté 107^f,45 à la fin du délai. Si donc vous avez emprunté 100^f, à 6 pour cent par an, pour les porter au banquier, vous rendrez 103^f au bout de 6 mois, et vous devrez à cette manière d'opérer, une économie de 4^f,45 pour cent. Elle serait de 6 ou de 8 pour cent au moins, si le vendeur escomptait, comme plusieurs maisons, à 8 ou à 10 pour 6 mois.

Résumé.

Le premier approvisionnement d'une fabrique doit être fait assez tôt pour que la production commence dès que l'établissement est terminé.

Il est très-important que les autres achats de matières premières précèdent l'épuisement des magasins, de telle façon que les ateliers ne puissent jamais chômer.

Les voyages pour approvisionnement doivent être faits avec rapidité et néanmoins avec économie.

Il y a imprudence à vouloir cumuler les bénéfices du fabricant et ceux du négociant.

Il est presque impossible de réaliser les profits d'une industrie qu'on n'a pas étudiée à fond.

Il n'est pas toujours avantageux de s'approvisionner au lieu même où les matières premières sont produites

Le lieu de l'approvisionnement doit être choisi de manière à rendre presque nuls les risques du transport.

Observez toutefois que la marchandise est d'autant moins chère, qu'elle passe par un plus petit nombre de mains, avant d'arriver au fabricant.

Achetez du bon; les matières défectueuses laissent toujours moins de bénéfice que les autres, au fabricant de bonne foi.

Tromper le consommateur en employant des matières de mauvaise qualité, est un moyen de ruine plutôt que de fortune.

Sous tous les rapports, l'économie veut que l'approvisionnement précède de peu l'emploi des matières.

C'est une friponnerie que de mettre en œuvre trop tôt des matières qui ont besoin de séjourner long-temps dans les magasins; laissez-les s'améliorer dans ceux du producteur ou du marchand.

Il est plus avantageux d'acheter au comptant que d'acheter à terme.

Mieux vaut emprunter des écus que des marchandises.

Les achats à terme se payent en billets à ordre.

Cependant, les effets à 3 mois sur Paris sont
considérés comme écus, par les vendeurs qui
font habituellement un crédit de 6 mois.

On gagne 4 pour cent au moins, à payer avec
de pareils effets, échangés contre des écus em-
pruntés.

OUTILS.

Les mêmes raisons qui nous ont fait placer
l'approvisionnement dans le livre relatif à la conduite de la fabrique, nous y feront mettre aussi
le chapitre consacré aux outils. Non-seulement
nous avons à parler de la première acquisition
d'outils, qui peut être rapportée à l'établissement
de l'usine; mais nous devons encore nous occuper des réparations, du renouvellement, etc.,
choses qui concernent évidemment la seconde
période.

Avantages des bons outils. Il n'est pas moins
avantageux pour les fabricans d'avoir de bons
outils, que pour l'ouvrier obligé de s'en fournir.
Comme je vous l'ai déjà dit, on ne travaille vite,
on ne travaille bien qu'avec des instrumens excellens soit pour la matière, soit pour la forme,
et l'entrepreneur d'industrie qui veut réussir,
doit se proposer à la fois d'abréger la production et de satisfaire le consommateur par le fini
de l'ouvrage : qu'il n'oublie jamais que son bé-

néfice est en raison des produits confectionnés dans une année et des demandes qui lui sont faites. Or, la rapidité d'exécution augmente en même temps le nombre des produits et celui des demandes, parce qu'elle permet de vendre a meilleur marché.

Craindriez-vous que la cherté des bons outils ne compensât pour le moins leur avantage ? Ce serait à tort ; les faits le prouvent : on n'est pas obligé de réparer ni de renouveller les bons instrumens aussi souvent que les mauvais, et l'excès du prix des premiers est bien au-dessous des frais d'entretien des seconds.

Au dire du célèbre *Dupin*, qui a examiné de près l'industrie de l'Angleterre, il y a dans ce pays un grand nombre de très-petits fabricans, chez chacun desquels les outils absorbent une somme de 1000 à 1200^f. En France, dans la même profession, on a tout au plus pour cent francs d'outils. Comme il est certain qu'un ouvrier muni d'instrumens d'une qualité supérieure et de formes appropriées à tous les besoins, fait aisément un tiers en sus de l'ouvrage qu'il peut fournir quand la valeur de son assortiment d'outils est réduit des neuf dixièmes, le petit fabricant anglais obtiendra chaque jour pour 20^f de produits, par exemple, et le petit fabricant français n'en créera que pour 15 francs. Le résultat de 307 jours de travail sera donc pour le premier, une recette de 6140^f et pour le second, une recette de 4605^f.

Admettons maintenant que tous les frais, à
l'exception de ceux qu'occasionnent les outils,
s'élèvent à 4 000^f, il restera au fabricant anglais 2 140^f, et au français 605^f. Est-il probable que l'entretien et le renouvellement d'un assortiment d'outils de 1 000^f exige 16 pour cent
de la recette brute, tandis que l'assortiment de
100^f absorbera 1 pour cent seulement ? Non
sans doute, car il en résulterait qu'un matériel
décuple en valeur causerait une dépense d'entretien doublement décuple (*), ce qui ne saurait être, puisqu'évidemment les réparations des
bons outils sont moins fréquentes et que leur
destruction n'est pas plus rapide. Hé bien ! en
supposant néanmoins que le fabricant anglais
paye annuellement 982^f,40 pour travailler vite,
bien et avec peu de fatigue, tandis que le
français paiera seulement 46^f,05 pour travailler lentement, médiocrement et péniblement,
nous trouverons que le premier aura un bénéfice
net de 1157^f,60 et que celui du second sera
réduit à 558^f,95. Un bon assortiment d'outils

(*) Soit r la moindre recette; $\frac{4}{3} r$ sera la plus

grande; on aura $\frac{r}{100}$ et $\frac{16}{100} \times \frac{4}{3} r$ pour les deux

dépenses d'entretien, et $\frac{16}{100} \times \frac{4}{3} r = 20 \frac{r}{100}$ à peu

près.

peut donc, dans un grand nombre de cas, doubler l'accroissement annuel de la fortune du fabricant et diminuer de beaucoup le temps nécessaire à la formation d'un revenu déterminé. Que, par exemple, vous fussiez obligés de travailler 20 ans, mal *outillés*, avant de pouvoir vivre de vos rentes ; il vous suffirait de travailler 13 ans, avec de très-bons outils, pour arriver au même degré d'aisance, si votre bénéfice net se trouvait doublé (*).

Cela montre que la qualité des outils exerce une très-grande influence sur la prospérité d'une

---

(*) La formule $S = \dfrac{a(m+1)^n - a}{m}$ de la page 62, devient, quand le placement annuel a est doublé,

$$S = \dfrac{2a(m+1)^{n'} - 2a}{m}.$$

On a donc, si S ne change pas,

$$2a(m+1)^{n'} - 2a = a(m+1)^n - a$$

ou

$$2(m+1)^{n'} = (m+1)^n + 1,$$

équation qui donne

$$2n' \, Log. \, (m+1) = Log. \, [(m+1)^n + 1]$$

et

$$n' = \frac{1}{2} \dfrac{Log. \, [(m+1)^n + 1]}{Log. \, (m+1)}.$$

fabrique. A la vérité, on n'est pas sûr de doubler le bénéfice net, en substituant la meilleure qualité à la moindre : l'augmentation dépend des frais de production, déduction faite de ceux des outils ; mais du moins il est certain que, dans tous les cas, les profits s'accroissent d'une somme qui n'est pas à dédaigner.

Soin des outils. Il serait superflu maintenant d'insister sur la nécessité de soigner les outils. On ne peut nier qu'en les ménageant de toutes manières, le fabricant diminuera les réparations, éloignera l'époque du renouvellement, et conservera plus long-temps les formes qui facilitent et améliorent le travail.

Les soins à donner aux outils consistent à les entretenir très-propres et à les préserver du choc des corps durs : la malpropreté produit la rouille, et la rouille émousse les pointes, ébrèche les tranchans ; les chocs produisent les mêmes effets et peuvent en outre altérer les formes.

Vous éviterez la plupart de ces accidens, si vous tenez la main à ce que les outils dont on ne se sert pas, soient constamment suspendus le long des murs de l'atelier ou placés dans les cases d'un tiroir, et si vous veillez à ce que ceux qu'on emploie, soient, pendant leur repos, rangés en ordre sur une partie toujours libre de l'établi. Il serait même très-bien d'imiter certains ébénistes qui, en quittant un outil, ont la précaution de le déposer dans une espèce d'auget d'où il ne peut tomber et où il ne peut être heurté que difficilement. L'auget tient à l'établi; il est placé en contrebas, sur le côté opposé à celui où travaille l'ouvrier; rien de plus facile que d'y mettre et d'y reprendre un objet.

Possession des outils. Nous avons supposé jusqu'ici que les outils appartinssent au fabricant; mais ils pourraient aussi, comme dans quelques industries, appartenir aux ouvriers, et il y aurait avantage pour eux et pour l'entrepreneur, à ce qu'il en fût ainsi.

Quelque conscience qu'eût l'ouvrier, il ménagerait bien plus, sans doute, ses propres instrumens que ceux du maître; par conséquent, les réparations seraient moins fréquentes et le renouvellement moins prompt. L'entretien des outils coûterait donc moins à l'ouvrier qu'au fabricant, et il y aurait économie pour celui-ci à augmenter le salaire de manière à couvrir cette dépense de son agent; il gagnerait encore une partie du temps employé aux réparations qui se font dans la fabrique.

D'un autre côté, l'ouvrier aurait droit au prix du service du capital qu'il emploierait en outils, ce qui accroîtrait son petit revenu. Le maître recevant ce prix du consommateur, le paierait sans altérer en rien son bénéfice; bien loin de là, il pourrait même l'augmenter, puisque son capital circulant serait grossi de toute la valeur de l'assortiment.

4

On peut dire encore que l'influence morale de la possession d'un capital matériel productif, améliorerait d'une autre manière le sort de l'ouvrier : qui possède quelque chose est assez disposé à épargner : le désir de grossir son avoir lui vient ordinairement ; qui ne possède rien vit au jour le jour ; l'épargne de quelques sous lui paraît insignifiante ; découragé par la pauvreté, il se refuse à voir dans une faible économie, le germe d'une petite fortune ; aussi, comme dit un proverbe, il est plus difficile d'amasser 20 sous que 20 francs.

Vous objecterez peut-être que l'ouvrier forcé de fournir ses outils, n'en aura jamais de bons. Mais ne pourrez-vous pas examiner son assortiment avant de l'engager? Ne pourrez-vous pas l'obliger à vous soumettre ceux qu'il achetera pendant son séjour dans votre fabrique ? — Il les emploiera émoussés, ébréchés, gâtés, de peur de les user trop vite en les réparant souvent. — Bannissez cette crainte : l'ouvrier a de l'amour-propre tout autant qu'un autre homme ; il n'est même pas dénué de prétention pour le fini de son ouvrage ; bien certainement il maintiendra ses outils en bon état, parce qu'il n'ignore point que c'est là le moyen de mieux travailler, tout en prenant moins de peine. — Mais tel ouvrier se présentera qui n'aura pas assez d'argent pour se procurer un assortiment complet et convenable. — Voilà une objection sérieuse ; toutefois, il n'est pas impossible de la détruire. Pourquoi ne lui feriez-vous pas l'avance de ses outils ? Ils seraient toujours là comme garantie, et une petite retenue sur le salaire quotidien vous rembourserait bientôt le capital et les intérêts.

Au reste, il suffit de dire pour répondre à tout, que des corps entiers d'ouvriers se fournissent d'outils à leurs frais, qu'en général ils les achètent bons et qu'ils les entretiennent bien. A la vérité, l'assortiment du tailleur de pierres, du maçon, du tailleur d'habits, de la lingère, etc., est peu considérable et d'un faible prix; mais, il existe dans les grandes villes, des ouvriers en chambre, horlogers, bijoutiers, ciseleurs, assembleurs et autres, qui possèdent des outils d'une assez grande valeur; et puisque ceux-là sont bien parvenus à se procurer un pareil capital, je ne vois pas de raison pour que tels et tels ouvriers ne puissent devenir propriétaires d'outils beaucoup moins chers. Le devoir d'un fabricant est de les y engager, de les y obliger même, pour leur avantage et pour le sien propre. C'est seulement dans les industries où l'assortiment complet serait d'un transport difficile, que le maître doit en rester possesseur; encore pourrait-il en mettre la partie la plus délicate et la plus légère au compte de chaque ouvrier.

Résumé.

L'emploi d'outils d'une qualité supérieure exerce une très-grande influence sur la prospérité d'une fabrique. Dans certains cas, un bon assortiment d'outils double le bénéfice annuel qu'on ferait avec un assortiment médiocre.

Le soin qu'on prend des outils rend les réparations moins fréquentes et le renouvellement moins prompt.

Ce soin consiste à les maintenir très-propres et à les préserver du choc des corps durs.

Il est avantageux pour le fabricant et l'ouvrier, que ce dernier possède les outils dont il fait usage.

La possession des outils améliorerait la vie morale de l'ouvier, en même temps que sa vie physique.

Le fabricant doit mettre au compte de chaque ouvrier, tous les outils délicats et d'un transport facile.

ORGANISATION DES TRAVAUX.

Décomposition de la production. L'organisation d'une fabrique doit avoir pour base le principe de la division du travail, dont les effets et les avantages ont été exposés dans la première partie. Il faut donc partager entre un certain nombre d'ouvriers, l'exécution complète d'un objet, de manière que chacun n'ait qu'à répéter constamment un petit nombre de mouvemens simples et périodiques. Ce partage exige que l'entrepreneur d'industrie étudie à fond l'ensemble et les détails de son genre de production, qu'il s'applique à le décomposer en opérations élémentaires très-simples et, s'il est possible, peu nombreuses.

Mais cela ne suffit pas : la durée de chaque opération élémentaire doit être soigneusement appréciée. S'il en est qui demandent plus de temps que les autres, un temps double par exemple, on affecte deux ouvriers à chacune des premières, et l'on confie chacune des secondes à un seul homme ; ou bien, ce qui est moins avantageux, le même ouvrier est chargé de deux des opérations les moins longues, et les autres deviennent chacune l'attribution d'un seul individu. De cette manière, il n'y a jamais encombrement à aucun établi, et personne ne peut rester séparément un seul moment oisif : il faudrait pour qu'il y eût du temps de perdu, que tous les ateliers s'entendissent, que dans tous la suspension et la reprise du travail se fissent au même instant. Un tel accord n'est guère possible, sous les yeux des surveillans, et s'il n'avait pas lieu, la paresse, la nonchalance même d'un ouvrier serait constatée par le chômage qu'elle occasionnerait au suivant.

Il n'est pas nécessaire, je pense, de vous faire observer que les transports des parties d'objets en confection, constituent aussi des opérations élémentaires. Ce sont des manœuvres qu'on charge de prendre ces parties près de l'ouvrier qui vient de leur donner une façon, pour les mettre à portée de celui qui va les modifier de nouveau. Il serait préjudiciable de faire exécuter

4*

ces déplacemens successifs par les ouvriers qu'on paie plus cher que des manœuvres. On doit tâcher de ne les employer qu'à des choses où leur intelligence et leur savoir-faire puissent être constamment mis à profit. Si vous leur donnez des transports à exécuter, que ce soit uniquement pour compenser la brièveté d'une opération d'art, et dans le seul cas où vous ne pourrez la compenser autrement.

Il est clair aussi que la division du travail s'applique à l'assemblage des pièces d'un produit, comme à leur exécution. Cependant, vous devez être prévenus que dans les cas où cet assemblage exige une grande précision, mieux est souvent de le confier à un seul ouvrier. Il présente toutes les pièces les unes aux autres, les corrige si besoin est, les *ajuste* de manière à obtenir des joints, une solidité ou un jeu convenables, et il n'en fixe aucune qu'après avoir plusieurs fois vérifié si elles satisfont à toutes les conditions. La justesse, l'harmonie de toutes les parties d'un produit seraient très-difficiles et peut-être impossibles à obtenir, si déjà quelques pièces se trouvaient en place et fixées, au moment où il s'agit d'assembler les autres.

Durée d'une opération. Lorsque le fabricant cherche à déterminer la durée de chaque opération élémentaire, pour faire une bonne décomposition de la production, il doit ne pas perdre de vue que cette durée peut être plus ou moins longue, selon l'effort qu'exerce l'ou-

vrier et la rapidité de ses mouvemens : en
d'autres termes, on peut, pour chaque genre
d'ouvrage, faire un effort et agir avec une
vitesse qui produisent le plus grand travail dans
un temps donné ou qui consument le moins
de temps pour un travail déterminé.

Il s'agit ici du travail mécanique, et vous devez
vous rappeler que ce travail se mesure par le
produit de l'effort et de la vitesse (T. II, p. 91).
Qu'un homme ordinaire soit chargé de 200
kilogrammes, il ne pourra se mouvoir, n'aura
aucune vitesse, et ne fera par conséquent aucun
travail; sa fatigue sera grande cependant, s'il
reste quelque temps sous le faix; mais en con-
sumant ses forces, il n'aura pas rendu plus de
service qu'un support inanimé, et l'on ne dit
pas qu'un support travaille. Diminuez la charge;
l'homme pourra parcourir journellement, en
faisant un certain effort utile, une distance qui
sera d'autant plus grande que le poids sera
moindre. Débarrassez-le totalement de son far-
deau, il fera une cinquantaine de kilomètres
par jour, mais sans rendre aucun service mécanique, sans produire aucun travail, puisqu'il
n'exercera pas plus d'effort utile que s'il restait
en repos.

Ainsi, n'avoir aucune vitesse et faire le plus
grand effort possible, ou n'exercer aucun effort
utile et se mouvoir avec toute la rapidité dont on
est capable, c'est se fatiguer sans rendre aucun
service mécanique, sans produire aucun travail

qui puisse être comparé à celui d'une machine.
Voilà donc deux degrés extrêmes de vitesse qui
rendent le travail nul. Or, ce travail qui n'existe
pas quand il y a repos, qui croît d'abord avec
la vitesse, et qui finit par s'évanouir au moment où la rapidité devient tout ce qu'elle peut
être, doit nécessairement décroître peu à peu,
car sa nature s'oppose à ce qu'il cesse tout-à-
coup pendant qu'il croît encore ; en outre, une
chose ne peut augmenter, puis diminuer, sans
avoir eu, pendant un instant au moins, la plus
grande extension possible.

Long-temps donc avant que la vitesse atteigne
le plus haut degré, et la charge, le plus bas,
elles parviennent à d'autres degrés qui donnent
au travail sa plus grande valeur, pour un temps
assigné.

Maintenant, il vous reste à comprendre que
le temps assigné est précisément la plus courte
durée du plus grand travail : cela est fort aisé,
car pour qu'il pût se faire plus promptement,
il faudrait qu'il y eût moyen d'en faire davantage
dans le temps donné, et la chose est impossible.

Ainsi, lorsque le fabricant a trouvé le degré
d'effort et le degré de vitesse qui produisent le
plus d'ouvrage en un jour, par exemple, il peut
être certain que la journée est le temps strictement nécessaire à l'exécution de cet ouvrage.

Malheureusement, on ne peut donner aucune
règle pour la détermination des deux élémens
du plus grand travail ; ils dépendent du genre

d'ouvrage et de la manière de l'exécuter ; l'observation seule peut les faire connaître. C'est, par exemple, l'observation qui a fait découvrir aux Anglais, dit M. Ch. Dupin, que pour percer le fer coulé, il convient de donner une petite vitesse au foret et de le presser fortement contre le métal; on obtient plus de trous en un jour, qu'avec une grande vitesse et un faible effort. Au contraire, dans le débit du bois, il est plus avantageux que la scie morde peu et fonctionne rapidement.

Un fabricant qui commence, doit donc pour déterminer la plus courte durée d'une opération, recourir aux données qu'ont fournies les expériences faites dans des travaux semblables. Si son industrie est nouvelle, il emploiera d'abord les degrés d'effort et de vitesse usités dans les opérations qui auront le plus d'analogie avec les siennes ; puis faisant varier ces deux élémens du travail autant que le permettent les forces de l'homme, il arrivera nécessairement à trouver leur rapport le plus avantageux.

Travail à la pièce. Vous avez au reste un moyen très-simple de vous dispenser de toute recherche et d'obtenir sûrement, sans la moindre surveillance, le plus grand travail dont chaque ouvrier est capable : c'est de payer à la pièce. Le désir d'augmenter leur salaire portera tous vos travailleurs à faire des observations sur leurs mouvemens, sur la pression ou la traction exercée ; ils s'appliqueront à chercher la ma-

nière d'agir la plus favorable , à diminuer leur
fatigue ou à rendre le même labeur plus effi-
cace ; et bientôt ils trouveront d'eux-mêmes le
degré de vitesse et le degré d'effort à employer,
pour faire en un jour la plus grande quantité
possible d'ouvrage.

Si vous payez à la journée, il vous faudra
des surveillans pour maintenir l'activité que vous
aurez imprimée à vos ateliers , pour obtenir
que chaque opération soit terminée dans le
temps de sa plus courte durée , et ces surveillans
qu'on paie cher , remplissent mal leurs fonctions, soit par crainte de s'aliéner les ouvriers,
soit par insouciance des intérêts du maître , soit
parce qu'ils ne peuvent avoir constamment l'œil
partout.

Le paiement à la pièce offre encore un autre
avantage : non-seulement chaque opération est
sûrement réduite à sa plus courte durée , mais
encore à durées égales , il y a plus d'opérations
faites en un jour, que dans le cas où l'on emploie l'autre mode de paiement. Cela vient de
ce que l'ouvrier, retribué proportionnellement à
l'ouvrage exécuté et non au temps consumé , travaille, sans perdre un instant, pendant autant
d'heures que le permettent ses forces ; il prolonge
sa journée jusqu'au moment où le repos lui
devient indispensable. La production annuelle
de la fabrique se trouve donc accrue de deux
manières , et le bénéfice de l'entrepreneur en
éprouve une notable augmentation.

Paiement à la pièce. Examinons maintenant comment doit être réglé le salaire de l'ouvrier qui travaille à la pièce. Son ouvrage dépassera bien d'un cinquième celui qu'il aurait fait en travaillant à la journée. Si donc, dans ce dernier cas, il eût gagné 2^f, il doit, dans le premier, recevoir en sus le cinquième de 2^f, et en tout 2^f,40. Mais, serait-ce une justice bien rigoureuse, que de se borner à tenir compte du surcroît d'ouvrage? Direz-vous que votre dépense totale de main-d'œuvre doit être la même que si vous augmentiez d'un cinquième le nombre des ouvriers à la journée? Remarquez, vous répondrai-je, que la totalité de vos frais sera réellement moindre : vos ateliers n'auront pas besoin d'une aussi grande étendue ; vos assortimens d'outils seront moins nombreux, puisque 5 ouvriers feront l'ouvrage de 6 ; partant, l'entretien du matériel vous coûtera une moindre somme ; vos capitaux engagés seront moins considérables, et votre capital circulant le sera davantage ; d'où résultera une augmentation de bénéfice, tant parce que les produits coûteront moins cher et se vendront néanmoins le même prix, que parce qu'il y aura un accroissement de production proportionnel à celui des fonds libres.

Voilà donc un avantage que ne pourrait vous procurer un plus grand nombre d'ouvriers à la journée, et qui sera uniquement dû au surcroît de fatigue que prendront volontairement

les ouvriers à la pièce. — Mais, c'est dans leur
intérêt et non pour m'obliger, qu'ils travailleront sans relâche et plus long-temps. Si donc je
les paie en raison de l'ouvrage fait, ils n'ont
rien à réclamer ; tant mieux pour moi, si je
trouve mon compte dans leur désir d'un fort
salaire ; cela ne les regarde pas ; ils doivent
même s'estimer heureux de ce que je leur ai permis de travailler à leur guise. — Prenez garde ;
l'amour du gain vous aveugle. Ne payez-vous
pas plus cher, pour le même ouvrage, l'ouvrier
qui travaille très-bien, que celui dont le talent
est médiocre? — Sans doute, et cela doit être,
puisque j'obtiens un plus haut prix des produits
confectionnés par une main habile. — Hé bien !
le cas est au fond le même : vous ne tirez pas
une plus grosse somme des objets faits à la pièce,
mais la partie de cette somme qui forme le
bénéfice est plus forte, que si ces objets eussent été faits à la journée. Il n'y aurait ni raison
ni conscience à proportionner le salaire seulement à la quantité d'ouvrage, dans une circonstance, et à le régler dans une autre sur le profit.
C'est toujours ce dernier mode que doit suivre
un fabricant juste et humain. Une large partici-
pation est due à l'homme dans tous les avantages que procurent à autrui son intelligence,
son talent et ses sueurs. Quiconque la lui refuse
entière ou ne l'accorde qu'avec parcimonie, se
rend coupable de la plus révoltante iniquité :
il traite son frère en esclave; il *exploite* son

semblable, comme on exploite un champ ou une bête de somme.

Ainsi, quoi que vous puissiez dire, le salaire de l'ouvrier à la pièce doit surpasser le prix de la journée, d'une somme supérieure à celle qui paierait le surcroît d'ouvrage fait. Si, comme nous l'avons supposé, il y a augmentation des produits pour 40 centimes, ce sera bien le moins que vous en donniez 60. Et votre équité aura sa récompense : l'ouvrier mieux payé sera plus en état de réparer et d'entretenir ses forces ; il les augmentera même, s'il est rangé ; bientôt il fera chaque jour plus d'ouvrage encore et haussera de nouveau votre bénéfice. Que les riches et les pauvres s'entendent mieux et soient plus justes les uns envers les autres, ils feront mutuellement leur prospérité.

Résumé.

L'organisation des travaux d'une fabrique doit avoir pour base la division du travail.

Il faut décomposer la production en opérations élémentaires, très-simples et, s'il est possible, peu nombreuses.

Le nombre des ouvriers affectés à une opération, doit être proportionnel au temps qu'elle exige, pour qu'il n'y ait ni oisifs ni encombrement.

Les transports d'un atelier ou d'un établi à un autre sont des opérations élémentaires ; il est souvent économique d'y employer des manœuvres.

5

Quand l'assemblage des pièces d'un produit exige beaucoup de précision, il n'est pas soumis à la décomposition.

Pour chaque genre d'opération, il y a un effort et une vitesse qui en rendent la durée aussi courte qu'il est possible.

L'expérience seule peut les faire connaitre.

L'ouvrier les trouve bientôt, lorsqu'il travaille à la pièce.

Le travail à la pièce dispense presque de toute surveillance.

Il est de toute manière avantageux au fabricant; car il augmente la production annuelle, en diminuant les frais.

L'excès du salaire de l'ouvrier à la pièce sur le prix de la journée, doit être non pas simplement proportionnel au surcroit d'ouvrage fait, mais proportionnel à l'augmentation probable du bénéfice.

C'est une criante injustice, que de refuser à un homme sa part de tous les avantages que nous tirons de son labeur.

POLICE.

Une fabrique doit être considérée comme une société d'hommes réunis pour produire, pour créer de l'utilité : l'un, l'entrepreneur, le chef, y apporte ses capitaux matériels et immatériels; les autres, les ouvriers, les subordonnés, ne fournissent ordinairement que leurs capitaux immatériels, moyennant une rétribution convenue. L'intérêt de tous est que la société prospère : si les travaux communs n'ont point de succès, le fabricant perd les bénéfices qu'il espérait, peut-être même la plus grande partie de ses capitaux matériels, et bientôt il lui est impossible de continuer à payer aux ouvriers le prix de leurs services, sans s'exposer à une ruine complète. Or, pour qu'une société quelconque puisse prospérer, il lui faut des réglemens où les devoirs de chacun soient complètement et clairement exprimés, où se trouvent positivement énoncées les peines que peut attirer l'infraction de ces devoirs. De tels réglemens et la surveillance que leur observation nécessite, constituent ce qu'on appelle *police*.

Ordre. La police d'une fabrique doit d'abord renfermer des dispositions d'ordre. L'ordre est le père de toute prospérité; sans ordre, il n'y a point d'ensemble, le temps se perd, le matériel se gâte, les produits se détériorent avant d'être vendus, quelquefois même avant d'entrer dans les magasins.

Vous défendrez donc de changer, sous aucun prétexte, la distribution de l'atelier, car vous l'aurez sans doute faite de manière à consommer le moins de temps possible en transports et à prévenir toute confusion. Il faudra ensuite indiquer les opérations confiées à chaque classe d'ouvriers, et les soins à prendre en rangeant les outils, les matières et les produits.

Fixez invariablement l'heure à laquelle doi-

vent commencer les travaux, celle de chaque
repas, la durée des repos et de la journée;
qu'un signal annonce l'ouverture et la fermeture
des ateliers; que toute reprise du travail soit
précédée d'un appel. Le maitre le fera parfois
lui-même, et chaque ouvrier sera tenu d'y répondre, sous peine d'éprouver une diminution
de salaire.

Les retenues ne suffisent point contre les
absences répétées; le tort qu'elles font au fabricant, en désorganisant les ateliers, en le privant du revenu journalier de ses capitaux, les
rendent absolument intolérables. Renvoyez donc
sans pitié les chômeurs de lundi; vous aurez
rendu un grand service à vos confrères et à
eux-mêmes, si votre sévérité les corrige. Et ne
craignez pas de manquer de bras: je connais
des fabriques où l'on ne souffre aucun ouvrier
débauché et dont les travaux n'ont jamais été
interrompus. Mais, quand bien même ils le
seraient pendant toute une semaine, pendant
deux, pendant un mois, vous gagneriez encore
à l'exclusion des chômeurs de lundi, puisqu'ils
vous font perdre pour le moins 52 jours par
année.

Ne souffrez pas non plus les joueurs. Qui
joue finit par perdre, cela est immanquable;
qui perd veut regagner son argent, cela est
naturel. Mais, lorsqu'on n'a plus rien, comment
mettre au jeu? il ne reste d'autre ressource
que le vol, et l'on s'y livre bientôt. Ajoutez que

le joueur, sans cesse préoccupé de ses pertes ou de ses gains, constamment en proie à sa funeste passion, agit mollement et travaille sans goût.

En général, le fabricant doit sévir avec fermeté contre tous les ouvriers qui se conduisent mal : l'indulgence perdrait les autres. Malheureusement, ce sont presque toujours ceux qui ont le plus de talent qu'on trouve hors du chemin de l'honnêteté : ils s'imaginent que leur habileté les rend indispensables, qu'elle doit faire tolérer leurs défauts et leurs vices. Montrez, en chassant les plus mauvais sans hésitation, que vous savez préférer la ponctualité, la soumission, le zèle et les bonnes mœurs. A quoi bon conserver des talens qui ne s'exercent que par accès ? ce sera précisément au moment où vous en aurez un besoin réel, que la débauche vous les enlevera. Soyez sans crainte pour l'avenir; le temps consumé en bombances par les habiles, vous suffira pour mettre en état de les remplacer, quelques ouvriers rangés et capables. D'ailleurs, vos intérêts se trouveront mieux d'une fabrication ordinaire, mais régulière, que d'un travail parfait, mais décousu. Je ne saurais trop vous le dire, l'ordre est le père de toute prospérité.

Propreté. La propreté est plus importante encore pour une fabrique, que pour un ménage (T. I, page 100), puisque les choses qu'elle y conserve sont, par leur nombre ou leur nature,

5*

d'une grande valeur. Vous devez d'ailleurs tenir à la propreté pour votre propre santé et celle de vos ouvriers : rien de plus dangereux que de respirer long-temps les miasmes infects qui s'exhalent des ateliers mal-propres ; plusieurs maladies , certaines infirmités n'ont pas d'autre cause.

Prescrivez donc de balayer, de nettoyer par tout deux fois le jour : la première vers midi , avant ou après le dîner, la seconde le soir à la fin des travaux ou le matin avant leur reprise. Si vous avez des manœuvres, c'est eux que ce soin regarde; autrement, les ouvriers doivent le prendre à tour de rôle.

Vous ne sauriez croire combien l'air propre et rangé d'une fabrique donne bonne idée de l'entrepreneur et de ses produits; on est tout naturellement porté à regarder l'ordre qui règne dans une propriété, comme l'image de celui qui existe dans l'esprit du maître. Un tel homme, se dit-on , doit voir parfaitement clair dans ses affaires; il ne peut donc compromettre sa fortune, ni celle d'autrui. Un homme qui éprouve un si grand besoin de propreté et d'arrangement , doit avoir du goût, doit aimer le beau et le bon; les objets qu'il confectionne ne peuvent manquer d'être très-soignés.

Tout se réunit donc pour vous engager à introduire, à maintenir dans vos ateliers et vos magasins, une propreté , un arrangement qui flattent les yeux et satisfassent l'esprit. J'y voudrais, pour moi, une sorte de recherche et de coquetterie ; je voudrais qu'on pût se promener en habits de fête dans toute la fabrique, avec autant de sécurité que dans un salon. Mon crédit et ma caisse s'en trouveraient bien ; le médecin seul y perdrait.

Silence. Vous trouverez des gens qui vous diront que l'homme travaille mieux quand il chante ; ne les croyez point. Il ne saurait guère penser à ce qu'il fait, pendant qu'il s'efforce de faire admirer soit sa voix, soit sa chanson. Aussi, n'est-ce que pour se donner une contenance, pour paraître travailler, qu'il regarde son ouvrage d'un côté, puis de l'autre, par devant, par derrière, comme s'il voulait en découvrir les défectuosités les plus cachées ; au fond, il ne songe qu'à plaire à ses auditeurs et ne pense nullement aux intérêts de son maitre.

Bannissez donc le chant ; ne tolérez même aucune conversation : la causerie occasionne aussi une grande perte de temps, ou pis encore, elle jette dans des distractions qui font gâter des outils ou des matières et souvent ces deux choses à la fois. Il est d'expérience qu'elle s'établit fréquemment et qu'on a la plus grande peine à la réprimer dans les lieux où les deux sexes se trouvent mêlés ; ce sera donc une disposition convenable, sous ce rapport comme sous plusieurs autres, de séparer les hommes et les femmes, toutes les fois que l'organisation des travaux le permettra.

Vous imposerez aussi le silence aux surveil-lans, et vous même en donnerez l'exemple. Eux et vous ne devez parler dans les ateliers que pour commander, enseigner, donner des éloges au zèle et au talent ou réprimander les insoucians et les paresseux.

Conduite des chefs. Ce n'est pas chose rare que de voir les contre-maîtres et le chef lui-même ex-citer les ouvriers à jaser. Dans ces momens de bonne humeur et d'expansion qui suivent un bon dîner ou la conclusion d'une excellente affaire, ils s'en vont d'un établi à l'autre, contant des histoires, tenant des propos où leur vanité trouve son compte et que la paresse ne manque pas de mettre à profit. Le moindre mal qui résulte d'un pareil oubli des intérêts de la fa-brique, et des convenances, c'est la perte du temps : à ce préjudice réel viennent se joindre la familiarité qui amène l'insubordination, et trop souvent la moquerie qui conduit au mé-pris, à l'insolence, à l'inimitié, puis finalement au pillage. Que de fabricans dont les affaires ont mal tourné, uniquement parce qu'ils se sont oubliés au point de compromettre leur dignité et leur autorité ! Quand il n'y a plus ni respect ni crainte, l'idée et le désir de tromper le maître ne tardent pas à venir : on commence par jouer des tours, par voler du temps ; on en vient bientôt à des niches qui font disparaître quelques bagatelles ; et d'espié-glerie en espièglerie, on arrive un beau jour à mériter la prison, si ce n'est plus encore.

Croyez-moi, sachez vous respecter, afin que vos ouvriers vous respectent ; mettez à la fois de la bonté et de la gravité dans vos relations avec eux, afin qu'ils vous aiment et vous craignent ; soyez juste et sévère, afin de les encourager au bien et de les aider à fuir le mal. Ce n'est ni par de gais propos, ni par un trivial compérage, que le fabricant doit montrer de la bienveillance à ses ouvriers. Bientôt vous apprendrez à leur donner des marques d'intérêt et d'amitié beaucoup moins stériles.

Surveillance. Il n'y a rien à espérer de la meilleure police, sans une surveillance de tous les instans. Ne regardez point au salaire des hommes qui vous paraitront capables de la bien exercer ; il faudrait les payer bien cher, pour que la dépense ne fût pas lucrative. Vous exigerez qu'ils aient l'habileté de l'excellent ouvrier, pour qu'ils puissent diriger efficacement les travaux ; mais par dessus tout, ils ont besoin d'instruction, d'esprit d'ordre, de sagesse, de fermeté et de conscience, comme tous ceux qui ont à veiller aux intérêts d'autrui et à gouverner des hommes.

Les surveillans ou contre-maîtres doivent entrer à l'atelier avant les ouvriers et en sortir après ; ils sont responsables des désordres et des vols qui peuvent être commis ; à eux aussi les reproches, si vous découvrez quelque infraction au réglement, car ils ont l'autorité nécessaire pour la prévenir ou la réprimer, et ils manquent de vigilance, quand ils ne sont pas les premiers à l'apercevoir.

Mais d'ordinaire, les contre-maîtres font bien leur service, lorsqu'ils se sentent surveillés à leur tour par le fabricant. Vous devez donc vous imposer l'obligation de parcourir les ateliers et toutes les autres parties de la fabrique, au moins deux ou trois fois dans la journée.

Cependant, il est bon de ne mettre aucune régularité dans ces visites, pour être sans cesse attendu et forcer chacun à se tenir constamment en règle. Ainsi, les heures où vous les ferez aujourd'hui, ne seront pas celles où vous les avez faites hier, ni celles où vous les ferez demain; un jour vous y mettrez un grand intervalle; un autre jour, vous n'en mettrez qu'un très-petit.

Revues. Outre les visites quotidiennes, le fabricant doit passer, au moins une fois par semaine, une revue minutieuse de tout son matériel. C'est le dimanche qui convient pour cette opération; ce jour-là elle n'interrompt, ni ne gêne aucun travail. Il faut avoir l'inventaire à la main, afin de reconnaître s'il y a eu des vols. Notez avec soin les réparations à faire aux outils, aux machines et même aux bâtimens; notez aussi les pièces hors de service, et dès le lundi matin, faites exécuter les remplacemens et les réparations. L'état des ateliers au commencement de la semaine a une grande influence sur la quantité et la qualité des produits qu'on emmagasine à la fin.

C'est surtout la machine à vapeur qui doit être examinée avec une grande attention. Vous en ferez jouer les soupapes de sûreté, pour vous assurer que la rouille n'a point fait adhérer la plaque mobile aux parois de la chaudière. S'il y avait adhérence, la vapeur aurait à vaincre, pour s'échapper, une résistance beaucoup plus grande que le poids de la soupape, et avant qu'elle n'eût acquis la force nécessaire, peut-être se trouverait-elle capable de briser la chaudière. Une soupape qui est restée plus d'une semaine sans être soulevée, ne peut donc plus être regardée comme propre à prévenir les explosions.

La rouille, jointe à l'action du feu, met en danger d'une autre manière : l'épaisseur des parois de la chaudière diminue sans cesse et leur ténacité s'affaiblit; un moment doit donc arriver où elles n'opposeront plus une résistance suffisante à l'élasticité de la vapeur. La prudence conseille de mettre la chaudière hors de service bien avant ce moment-là, ou du moins lorsqu'elle ne peut plus supporter une pression égale à celle de l'épreuve. Cette épreuve consiste à exercer sur les parois, au moyen d'une pompe foulante, une pression quintuple de celle qu'elles éprouveront de la part de la vapeur; si elles résistent, la chaudière reçoit une estampille qui en atteste la solidité. Il faut donc répéter cette opération de temps en temps, tous les mois par exemple, au risque de voir rompre la chaudière sous l'effort de l'eau dont on la remplit. Mieux vaut la perdre un peu plus tôt et sans danger, que de rester un seul jour exposé aux terribles ravages d'une explosion.

Par le même motif, il ne faut pas craindre la dépense ni même le chômage que peut occasionner le nettoiement d'une chaudière à vapeur. Lorsque le dépôt qu'y forme l'eau est d'une certaine épaisseur, les parois acquièrent la température rouge, et dans cet état, elles n'opposent plus qu'une faible résistance, bientôt même elles sont totalement usées. Il peut se faire aussi que des fissures se forment dans la croûte; alors le liquide beaucoup moins chaud que la fonte, la ferait fendre en la touchant.

On ne peut rien dire de l'époque où il convient de nettoyer une chaudière à vapeur : elle dépend uniquement de la nature des eaux. Il faut donc, au moins pour la première fois, reconnaître chaque semaine à quelle épaisseur est parvenu le dépôt. Au reste, on peut en empêcher la formation ou tout au moins la retarder beaucoup, en jetant de temps à autre dans la chaudière, soit de la drèche, soit de la fécule de pommes de terre.

L'emploi de tels moyens vous paraîtra peut-être plus dispendieux que le nettoiement; il peut l'être en effet, mais il a l'avantage d'annuler pour ainsi dire les causes de dégradations et une de celles des explosions. Gardez-vous bien des idées d'économie qu'avait un fabricant de nos environs. N'appelez pas comme lui folles dépenses, tous les menus frais qui éloignent pour long-temps les grandes réparations et qui parfois en dispensent pour toujours. Voulez-vous savoir ce qu'il a gagné à graisser sa machine une seule fois par quinzaine, à laisser le dépôt se former librement, à supprimer son régulateur détraqué et à laisser plusieurs autres parties en souffrance, pour épargner quelques centaines de francs? sa dépense en combustible s'est accrue d'un quart, parce que la vapeur avait besoin d'une plus haute température pour vaincre les frottemens; ses produits se sont mal vendus, parce que l'irrégularité du mouvement des métiers les a rendus défectueux; enfin au bout de peu d'années, la machine, absolument incapable de fonctionner, a été cédée pour le dixième de sa valeur première.

Bien entendue, l'économie conduit le fabricant à la fortune; mal comprise, elle le ruine presqu'aussi promptement que la prodigalité.

Résumé.

La police d'une fabrique comprend les réglemens où les devoirs et les punitions sont indiqués, et la surveillance exercée pour faire observer ces réglemens.

Les dispositions d'ordre concernent la distribution de l'atelier, celle des opérations élémentaires, l'emploi du temps et la manière de ranger les outils, les matières, les produits.

6

L'ouvrier qui ne répond pas à l'appel fai avant chaque reprise des travaux, doit perdr une partie de son salaire.

Tout chômeur de lundi, tout joueur, tou ouvrier qui se conduit mal, doit être renvoyé.

La ponctualité, la soumission, le zèle et les bonnes mœurs sont préférables à une rare habileté.

La propreté d'une fabrique conserve le matériel, la santé des ouvriers et même celle du maitre.

La conversation et le chant doivent être bannis de l'atelier.

Il faut séparer les sexes toutes les fois qu'on le peut.

La dignité et l'autorité des chefs sont compromises par des manières et des paroles familières.

Ils doivent montrer à la fois de la bonté et une imposante gravité.

Les surveillans ou contre-maitres sont responsables de la bonne exécution des produits et de l'observation du réglement.

Ils ont besoin d'habileté, d'instruction et de hautes qualités; leur salaire doit être réglé en conséquence.

Le fabricant surveille ses contre-maitres en faisant irrégulièrement deux ou trois tournées chaque jour, dans toutes les parties de son usine.

Le dimanche, il passe en revue tout le matériel.

Une machine à vapeur exige une attention particulière : il faut en faire jouer les soupapes de sûreté chaque semaine, éprouver les parois de la chaudière chaque mois, et reconnaître de temps en temps si l'épaisseur du dépôt rend le nettoiement nécessaire.

La présence de la drèche ou de la fécule de pommes de terre empêche ou retarde beaucoup la formation d'un dépôt pierreux.

Les petites dépenses faites pour prévenir, retarder ou réparer les dégradations des machines et surtout des machines à vapeur, sont toujours avantageuses.

DEVOIRS ENVERS LES OUVRIERS.

Deux hommes ne peuvent point contracter ensemble, ni même avoir les moindres relations, sans qu'aussitôt il s'établisse entre eux une réciprocité de devoirs : ceux de l'un font naître ceux de l'autre. Tout homme, fût-il roi, a donc des devoirs à remplir, et c'est avec beaucoup de justesse qu'on a dit : *les droits supposent des devoirs* ; car nos droits sont précisément les devoirs d'autrui envers nous, et ces devoirs nous en imposent d'autres à nous-mêmes envers autrui.

Vous ne serez donc pas étonnés qu'après avoir établi les droits des maîtres dans l'Économie de l'ouvrier (page 90), dans la première partie de celle du fabricant (page 226) et dans le chapitre précédent, je vous parle maintenant de leurs devoirs envers les ouvriers : ce sont les droits de ces derniers ; la justice veut que l'entrepreneur d'industrie les respecte, comme il exige qu'on respecte les siens.

Il a déjà été question de la conduite des maîtres à l'égard de leurs subordonnés (T. II, p. 32) ; mais alors il s'agissait plutôt de blâmer celle d'un certain nombre, que de dire celle qui doit être tenue par tous. D'ailleurs, le sujet a trop d'importance pour ne pas recevoir plus de développement qu'on ne pouvait lui en donner à l'endroit cité.

Distinction entre les devoirs. Les devoirs du fabricant envers les ouvriers sont de deux sortes : les uns concernent le physique, les autres le moral. Tous sont rigoureux, mais les derniers sont peut-être les plus essentiels ; car l'être qui a de l'instruction et de la moralité, est capable de soigner lui-même une grande partie de ses intérêts matériels. Cependant, les meilleurs maîtres s'occupent presque exclusivement du bien-être de leurs ouvriers. On dirait que le corps est tout. L'existence de l'âme n'est point contestée ; mais en général chacun agit comme s'il n'y croyait pas. Qu'un homme en voye un autre en danger, il vole soudain vers lui, il s'expose sans délibérer, il brave la mort pour en préserver son semblable ; qu'un fou ou un malheureux veuille attenter à sa vie, vous verrez les plus indifférens s'empresser de prévenir son funeste dessein ; tandis qu'on ne rencontre presque personne qui songe à tenter quelques efforts soit pour retirer un débauché du chemin de turpitude où il s'engage de plus en plus, soit pour inspirer l'amour du prochain et de la justice à ces être bruts qui n'ont guère d'humain que la face.

Il est temps de mieux entendre la charité, et c'est au fabricant à donner l'exemple de la sollicitude pour l'amélioration d'une classe d'hommes que le défaut d'éducation et l'assujettissement à de grossiers travaux rendent ennemie de son propre bonheur. Il est le chef de ses ouvriers, puisqu'il leur commande ; il en est le père, puisqu'il les fait vivre ; il leur doit ses jouissances et l'accroissement de sa fortune, puisque c'est leur travail qui fait fructifier ses capitaux ; tout l'oblige donc à les traiter non-seulement avec la bonté d'un père pour ses enfans, avec la justice d'un chef pour ses subordonnés, mais encore avec cette active bienveillance, ce chaleureux dévouement que devrait toujours faire naître la réciprocité de grands et continuels services.

Je sais bien que plusieurs amis de l'humanité ont été découragés dans leurs généreux projets, par quelques essais infructueux ; mais s'y sont-ils bien pris? S'ils ont voulu donner de la moralité à des hommes dépourvus de toute instruction, ou s'ils ont essayé d'instruire

6 *

des gens que leur bassesse d'âme rendait soup-
çonneux et que leur misère irritait, ils ne
pouvaient manquer d'échouer. La morale ne
se fait point écouter d'un être qui ne peut
la comprendre; l'esprit se refuse aux leçons,
quand le cœur est plein d'animosité.

C'est à détruire cette animosité souvent injuste, mais aussi bien souvent méritée, qu'il
faut s'attacher tout d'abord. Or, il n'y a pas,
je crois, d'autre moyen d'y parvenir, que de
montrer par des actes auxquels l'esprit le plus
grossier ne puisse se méprendre, tout l'intérêt
qu'inspire l'homme condamné à une dure existence. Quand on voit les animaux les plus féroces
sensibles aux bons traitemens, il est à présumer
que des preuves continuelles de sympathie,
que des bienfaits répétés, finiront par apaiser
la colère et détruire la haine dans un cœur
aigri?

Précautions contre les maladies. Que ce qui
fait le but unique des fabricans les plus hu-
mains, le bien-être matériel des ouvriers, soit
donc pour vous un acheminement vers leur
bonheur complet. En soignant leur santé, en
veillant à la conservation de leurs forces, vous
servirez d'ailleurs vos propres intérêts.

Dites-vous d'abord qu'il est nuisible à l'homme d'endurer la froidure du matin au soir,
et concluez-en qu'il lui faut du feu, si ses
mouvemens ne sont pas propres à donner au
sang l'activité nécessaire. N'allez pas croire

qu'en accordant un ou plusieurs poêles, vous altérerez votre bénéfice; ce sera tout le contraire : on travaille bien mieux dans un atelier où règne une douce chaleur, que dans celui où le froid engourdit les membres; l'ouvrier transi perd un quart de sa journée à s'ébattre pour se réchauffer de temps en temps, et s'il n'y parvient pas, il fait de fort mauvais ouvrage.

ais, si vous n'imitez pas ces maitres sottement parcimonieux, qui préfèrent épargner 20 sous de combustible et perdre 6 francs de travail, ne tombez pas dans un autre excès. Une température trop élevée ne convient à personne, et nuit beaucoup à celui qui a besoin d'une certaine vigueur : elle l'oblige bientôt à diminuer son effort et sa vitesse, elle l'énerve peu à peu, elle lui ôte même la force d'âme. Ce qui suffit et ce qui est juste, c'est qu'aucun de vos ouvriers ne souffre du froid.

L'humidité, les vapeurs malfaisantes, les miasmes qui proviennent des matières, des opérations, ou de la malpropreté, ne diminuent pas sensiblement le travail d'un jour, et c'est peut-être pour ce motif que nombre de fabricans n'y font point attention ; mais ce sont choses qui minent peu-à-peu la santé de l'ouvrier et lui enlèvent une grande partie de sa force, longtemps avant de lui causer une maladie. Votre intérêt suffit donc pour vous prescrire des dispositions préservatrices. S'il ne le faisait pas,

s'il arrivait que les dépenses vous parussent dépasser le surcroît de bénéfice produit par des
ouvriers toujours robustes, le devoir le plus
impérieux ne vous permettrait de faire éprouver
à ces dépenses ni le moindre ajournement, ni
la moindre réduction. Compromettre la santé
de l'ouvrier, l'exposer à perdre ses forces, ou
l'usage de ses membres, c'est envers lui, envers
sa famille, un crime absolument semblable à
celui que vous commettriez en dépouillant un
homme de toute sa fortune; il est même beaucoup plus grand : la perte des capitaux matériels ne laisse point sans ressource aucune,
tandis qu'en privant de ses capitaux immatériels
le malheureux qui n'a pas d'autre source de
revenu, vous le réduiriez à la mendicité. Le vol
est un attentat contre la propriété, et consé-
quemment un acte bien criminel envers la société;
mais s'il en attaque les fondemens, il ne l'ap-
pauvrit pas, tandis que tout à la fois vous
l'appauvririez, en la privant du capital accu-
mulé dans un ouvrier, et vous lui nuiriez bien
plus encore, en violant la propriété la plus
sacrée, celle de la personne. La morale con-
damne le voleur, parce qu'il enfreint ce beau
précepte de justice, *ne fais pas à autrui ce que
tu ne voudrais pas qu'on te fît;* mais elle ré-
prouve avec horreur l'homicide, même celui
dont la négligence est seule coupable, et c'est
un commencement d'homicide, de crime contre
la nature, que de tenir un ouvrier dans un

atelier malsain. — Je ne le force pas d'y rester, direz-vous ; il est libre de ne pas travailler chez moi. — Il est libre ! belle liberté vraiment que celle qui laisse le choix entre mourir de faim, et mourir lentement dans un air pestilentiel ! Que trouverait-il s'il vous quittait ? un maître peut-être pire encore, car il n'y a guère de places vacantes chez le fabricant qui porte un cœur d'homme.

Précautions contre les accidens. Les mêmes motifs doivent vous engager à prendre toutes les précautions possibles contre les accidens auxquels expose sans cesse l'emploi des machines. Un moment d'inattention, trop d'empressement, un zèle étourdi a souvent suffi pour précipiter sous une roue, au fond d'une tête d'eau, ou pour engager dans des engrenages, entre des cylindres, sous des pilons, le soutien de toute une pauvre famille ; la mort a presque toujours été le moindre des maux produits par ces affreux événemens ; et peut-être n'eût-il fallu, pour les prévenir, qu'une simple barre convenablement placée. Que de douleurs, que de larmes amères eussent été épargnées au malheureux ouvrier, à une femme misérable, à des enfans affamés, si le maître avait été plus prévoyant ou plus humain ! Que de regrets poignans, de remords même il eût évités, s'il n'avait craint de gêner des mouvemens, d'allonger de quelques secondes une opération, d'augmenter de quelques sous ses dépenses ! Pourquoi ne puis-je vous dire

combien de fois il a frissonné au souvenir invo-
lontaire de l'homme mutilé, combien de fois il
a été réveillé en sursaut par l'image de membres
fracassés ! Vous le plaindriez, sans doute, mais
vous le regarderiez comme justement puni de
son insouciance pour la vie des hommes.

Malheureusement, il existe des êtres, je
rougis de l'avouer, que ne saurait atteindre une
telle punition, et qui, malgré la répétition du
même malheur, ne feront rien pour le prévenir.
Ils poussent la dureté jusqu'à reprocher au
moribond une maladresse qui le prive de son
travail. — L'imbécille ! s'écrient-ils ; ça ne voit
rien, ça met dans tout une gaucherie désolante !
me voilà bien avec cet ouvrier de moins ! comment va marcher l'ouvrage ? vous verrez encore
que sa femme viendra m'étourdir de ses doléances
et crier misère. Ma foi, tant pis ! j'y perds plus
qu'eux ; c'est sa faute, après tout. — Non, c'est
la vôtre. Vos ouvriers ont confiance en vos
lumières ; ils peuvent bien ne point craindre un
danger auquel vous paraissez ne pas croire. Eux
qui ne sont rien moins qu'avares, comment se
douteraient-ils que cette apparente confiance
n'est qu'une suggestion de votre lésinerie ? Si
vous leur eussiez signalé le péril par quelques
précautions, ils l'auraient redouté, ils se seraient
tenus sur leurs gardes, et probablement le malheur ne serait pas arrivé. Il faut bien en convenir : plusieurs des déplorables accidens qui
alarment les fabriques, peuvent être imputés ou

à l'avarice, ou à l'incurie des maîtres, ou bien encore à leur peu de souci d'éclairer les ouvriers sur les dangers qu'ils courent.

Secours aux malheureux. Le ciel vous préserve de ces torts, mes jeunes amis; ils sont faits pour empoisonner la vie de quiconque possède une belle ame; mais si vous avez à vous les reprocher un jour, hâtez-vous de les réparer de votre mieux, en faisant soigner le malheureux ouvrier comme vous le seriez vous-même, en lui assurant une petite pension, s'il reste impotent, en la continuant à la veuve et aux orphelins, s'il vient à mourir. Cette conduite sera tout simplement de la justice, car chacun est responsable du dommage qu'il cause soit directement, soit indirectement; néammoins elle passera pour généreuse, elle vous gagnera les cœurs, et tous vous en souhaiteront la récompense.

Le fabricant qui raisonnera bien ses intérêts, trouvera qu'il devrait encore se comporter de la même manière, dans le cas où quelque malheureux événement viendrait à tromper la prévoyance la plus minutieuse. Son humanité doublerait le zèle des ouvriers : ils ne craindraient plus de s'exposer, une fois assurés que leur famille ne restera pas sans ressource; car naturellement hardis, ils ne redoutent pas tant la mort pour eux-mêmes, que la misère pour les objets de leur affection.

Vous aimeriez à vous montrer généreux,

dites-vous ; mais vous reculez devant ce qu'il en coûte pour l'être. — Songez donc aussi à ce que peut rapporter ou épargner l'attachement des ouvriers, à ce que peut faire perdre ou manquer de gagner leur inimitié, leur simple indifférence. Qu'une bonne commande survienne pour une époque très-rapprochée ; ils travailleront la nuit, s'ils vous sont dévoués ; ils laisseront échouer une bonne affaire, s'ils ne vous aiment pas. Qu'un incendie se déclare dans la fabrique, ils se précipiteront au milieu des flammes pour les éteindre, ou n'agiront que mollement et de loin, selon les sentimens que vous leur aurez inspirés. — C'est leur intérêt comme le nôtre de sauver les ateliers. — Sans doute, mais l'esprit raisonne mal, quand le cœur est ulcéré. Supposons encore que l'établissement soit menacé en cas de guerre, les ouvriers cacheront, sauveront ou défendront au péril de leur vie vos richesses, si vous avez été bons pour eux, ou se joindront aux pillards, s'ils ont éprouvé votre dureté.

Oh ! croyez-moi, l'affection des ouvriers et des domestiques est d'un prix inestimable pour le maître ; ne regardez pas au peu qu'il en coûte pour l'acquérir ; témoignez leur en toute occasion la sollicitude la plus sincère et la plus vive ; secourez-les dans leurs maladies ; procurez quelques douceurs aux mères pendant la pénible durée des couches, et ne souffrez pas que les enfans restent exposés presque nus aux intempéries des saisons. Plus d'un fabricant s'est estimé heureux, aux jours funestes de l'invasion, d'avoir eu de la pitié, d'avoir observé les saintes lois de l'humanité. Je connais des familles qui n'ont dû qu'à leurs ouvriers ou plutôt qu'à leurs bienfaits, d'échapper à la fureur et à la lubricité des barbares.

Fixation du salaire. Une chose que je vous conseille encore, c'est d'augmenter le salaire, dès qu'il est impossible à l'ouvrier de vivre au moyen de ce qu'il gagne. N'attendez pas ses réclamations; montrez-lui que vous êtes consciencieux, afin d'acquérir le droit de repousser d'injustes demandes. Il y aura des circonstances où vous serez en perte, j'en conviens; mais vous y êtes parfois aussi à cause de l'enchérissement des matières premières, et vous continuez néanmoins de produire, dans l'espérance de temps meilleurs. Hé bien! la main-d'œuvre est aussi une espèce de marchandise; pourquoi ne supporteriez-vous pas les conséquences de ses variations? doit-elle rester toujours au même prix, quand ce prix ne suffit plus à la réparation des forces? Le premier des droits d'un homme, c'est de pouvoir vivre; il faut donc que son travail lui procure un salaire suffisant.

Je ne vous engage plus à tenir le prix de la journée proportionnel à vos bénéfices, bien que, sous un rapport, il y eût en cela justice rigoureuse; car s'il en résultait quelquefois augmentation, il y aurait quelquefois aussi diminution, et dans le cas où vos profits deviendraient très-faibles, le salaire pourrait éprouver une réduction beaucoup trop forte. Tout ce que je vous demande, tout ce qui me paraît obligatoire, c'est de donner à l'ouvrier, au moins les moyens de vivre pendant qu'il travaille. Quand vos pertes deviendront intolérables, et que vous serez forcés de fermer vos ateliers, vous ne serez plus tenus à rien, sans doute; mais j'espère qu'alors la charité vous inspirera encore des sacrifices.

Ingratitude à supporter. Voilà par quels moyens je voudrais qu'un fabricant disposât ses ouvriers à écouter ses conseils et à profiter de sa bonne volonté pour leur instruction. Dois-je répéter que ces moyens forment autant de devoirs rigoureux, et qu'en négliger l'emploi, c'est manquer à la justice, à la vertu?

On objectera que bon nombre d'ouvriers se montrent insensibles aux preuves de sollicitude et même aux bienfaits; qu'ils regardent comme leur dû, tout ce qu'un maître peut faire pour eux; qu'ils n'en éprouvent pas la moindre reconnaissance; qu'ils n'en témoignent aucune satisfaction; qu'ils murmurent au contraire de ce qu'on ne fait pas davantage; qu'ils attribuent à la crainte, ce qu'inspire le plus par amour des hommes, et que, dans les révoltes, leurs bienfaiteurs sont leurs premières victimes.

Ces reproches ne sont que trop fondés, je l'avoue à regret; mais heureusement les ouvriers auxquels ils s'adressent ne sont pas aussi nombreux qu'on semble le croire. D'ailleurs, ce sont des hommes dont l'esprit est dénué de toute culture, chez qui la débauche a gâté le cœur et troublé la raison ; comment pourraient-ils être reconnaissans ? Qu'importe du reste leur ingratitude ? Il s'agit seulement de calmer l'irritation qui les empêche d'écouter une voix amie, et l'on ne saurait disconvenir que des preuves d'intérêt souvent répétées ne soient les meilleurs moyens d'adoucir leur farouche caractère ; les remontrances, la sévérité, la rudesse, la violence n'y pourraient rien : elles leur imposeraient peut-être, mais en augmentant leur méfiance et leur éloignement.

Il est désolant, je le sais, il est décourageant de tout faire pour gagner les cœurs et d'en être obstinément repoussé, de semer les bienfaits et de s'exposer à recueillir la haine ; mais il est beau d'imiter cet esclave qui, dans les déserts d'Afrique, s'empressa de calmer les horribles souffrances qu'une longue épine faisait éprouver à une lionne, au risque d'être ensuite victime de la férocité de l'animal. On s'est du moins efforcé de rendre au bonheur une grande portion de l'humanité, on a rempli ses devoirs, on a été généreux ; la mort alors n'a rien de terrible.

Encouragemens à l'instruction. Essayez donc, mes amis, lorsque vous serez devenus fabricans, essayez d'obtenir la confiance de vos camarades d'aujourd'hui, en tenant à leur égard la conduite qui vient d'être tracée. Vous réussirez, je n'en doute point, auprès d'un très-grand nombre, si ce n'est auprès de tous. Dès que vous y serez parvenus, vous devrez chercher à leur faire sentir les avantages de l'instruction, à leur procurer les moyens d'en acquérir. L'instruction ouvre et développe l'intelligence, forme le jugement, détruit les préjugés, élève l'âme et la dispose à recevoir fructueusement les divins préceptes de la morale. Voyez les personnes qui ont fait de solides études ou qu'une lecture assidue de bons livres a éclairées : elles vivent généralement au sein de la société sans penser qu'il y a des lois et cependant sans les enfreindre; leur haute moralité leur en tient lieu; la conscience suffit pour leur faire discerner les bonnes et les mauvaises actions, le juste et l'injuste, le bien et le mal. Rarement il en paraît sur les bancs des cours d'assises.

Dans l'année 1828, de 8 030 individus accusés de crimes sur toute la surface de la France, 118 seulement avaient reçu plus que l'instruction primaire; tandis que 780 savaient tout juste lire et écrire, que 1 858 ne pouvaient écrire ou écrivaient très-mal, et que 4 166 se trouvaient dans une complète ignorance.

Promettez-vous donc bien de ne pas imiter les entrepreneurs d'industrie d'une des petites villes de notre département, qui empêchent tant de jeunes-gens de s'instruire, en refusant de prendre comme apprentis, ceux que, pour réparer le temps perdu, on voudrait envoyer à l'école. Ils ne voyent pas, ces hommes de peu de sens, qu'ils nuisent à leurs intérêts, en même temps qu'à ceux de leurs concitoyens; ils ne se doutent guère que leur parcimonie est la cause principale de l'ignorance particulière à leur commune, et que cette ignorance continuera long-temps encore d'y maintenir la civilisation en parfaite harmonie avec l'aspect sauvage des lieux.

Non-seulement vous devez tolérer que vos apprentis apprennent au moins la lecture, l'écriture et le calcul, quand ils ne savent rien; il faut encore, s'ils ont ces premières connaissances, les exciter à s'instruire de plus en plus, leur en faire contracter l'engagement et les encourager souvent à le remplir. Si vous habitez une ville où se trouvent établis des cours industriels, il convient de fermer les ateliers quelques minutes avant huit heures du soir, afin que tout votre monde puisse profiter des leçons; rien n'empêche de récupérer le matin, la partie de veillée qu'on a sacrifiée.

Je voudrais même que les apprentis, dont le temps n'est pas très-précieux pour le maître, eussent la liberté de quitter le travail deux heures avant les ouvriers. N'ayant pas encore assez de force pour supporter les longues veilles, ni assez d'énergie pour vaincre le sommeil, ils ont besoin de quelques instans de la journée pour étudier la leçon précédente, pour faire les rédactions, exécuter les calculs et dessiner les tracés qu'exigent les professeurs.

S'il était nécessaire d'insister, je dirais qu'empêcher un enfant de s'instruire, que mettre des obstacles au développement de son intelligence, est un acte tout aussi coupable que de nuire à l'accroissement de ses forces par excès de travail ou défaut de nourriture. Peut-être même ne vais-je pas assez loin, car il n'est pas rare de voir des êtres débiles parvenir à la fortune et aux positions sociales les plus élevées, tandis que celui qui manque de moyens intellectuels, n'a toute sa vie qu'une chétive existence. Ce serait donc du capital le plus précieux que vous priveriez vos ouvriers, si vous comprimiez leur goût pour l'étude.

Quels pourraient être vos motifs? L'économie du temps? Je vous ai déjà dit qu'une journée rognée par un bout, peut être allongée par l'autre; le travail de nuit ne coûte pas plus le matin que le soir. Craindriez-vous de voir vos ouvriers devenir plus instruits et plus capables que leurs maîtres? Oui, je croirais volontiers que tel est le motif secret de plusieurs petits fabricans, qui cherchent et emploient tous les moyens de diminuer le nombre de nos auditeurs; mais une semblable crainte suppose à la fois courte vue et grande modestie. La science est bien loin de suffire en industrie; avec le savoir, il faut le savoir-faire; la pra-

tique l'emporte même de beaucoup sur la théorie,
quand l'une et l'autre sont bornées à leurs propres ressources. Comment se pourrait-il donc
qu'un maître, avec sa longue expérience du
métier, avec sa connaissance des choses et des
hommes, ne conservât point sa supériorité sur
des jeunes gens qui de long-temps ne pourront
joindre à un court apprentissage, que des no-
tions théoriques peu étendues ?

D'autres entrepreneurs d'industrie appré-
hendent-ils que les succès de nos élèves ne leur
donnent une vanité, une suffisance qui nuise
à la subordination ? Mais, puisque la moralité se
proportionne généralement au savoir, un ouvrier instruit doit être plus soumis qu'un ouvrier
ignorant, et avoir en toute occasion plus de
déférence, plus de respect pour son maître.
D'ailleurs, il y a expérience sur ce point : depuis
six ans que sont institués les cours industriels de
Metz, les ouvriers qui s'y sont distingués, ont
excité, j'en suis certain, bien moins de plaintes
de la part des chefs d'atelier, que ceux qui n'y
ont montré aucun zèle et ceux dont la paresse
les a fuis. Il y a peut-être un peu plus d'amour-
propre chez les premiers ; je regarde même la
chose comme certaine ; mais loin de vouloir
amortir cet amour-propre, je chercherais bien
plutôt à l'exciter jusqu'à un certain point, parce
qu'il est une cause puissante de perfectionnement
moral. Quel est l'homme qu'on voit se livrer à
de vils plaisirs, à de mauvaises actions ? celui

qui n'ayant nulle raison de s'aimer, ni de s'estimer, ne fait aucun cas de sa personne, et n'a pas à craindre de la dégrader.

Excitation à la moralité. C'est justement cette remarque sur le cœur humain qui me fait croire que, parvenu à faire rechercher l'instruction par ses ouvriers, le fabricant en sera patiemment et fructueusement écouté, lorsqu'il voudra les rendre sensibles à l'honneur, leur inspirer le respect d'eux-mêmes, leur faire sentir les avantages d'une vie réglée, de la paix du ménage et de tout ce qui constitue les bonnes mœurs. Alors aussi les éloges et les réprimandes seront efficaces : les uns, par l'espèce de volupté dont ils rempliront l'âme, encourageront à persévérer dans le bien, à redoubler de surveillance sur soi-même et d'efforts pour se distinguer ; les autres, par leur amertume, par la peine qu'ils causeront, aideront l'homme faible à résister aux penchans qui le font retomber de temps en temps dans la mauvaise voie.

Des ouvriers arrivés à ce degré de moralité, contracteront d'eux-mêmes le goût de l'épargne ; d'eux-mêmes aussi, ils s'affilieront à une société de secours mutuels, afin que la maladie et la vieillesse ne puissent les replonger dans la misère où pullulent les vices, où abondent les souffrances rendues plus cuisantes par quelques jouissances désordonnées.

Primes d'épargne. Il sera bon toutefois de stimuler les premières velléités d'économie, par des éloges en plein atelier, par la peinture de l'heureux avenir auquel peut conduire une faible somme accumulée, et surtout par des primes proportionnelles. L'espoir d'un petit profit, réalisable chaque dimanche, doit tenter bien plus fortement un homme encore pauvre d'argent et d'instruction, que les milliers de francs qu'on lui fait entrevoir au bout d'un laps de temps dont les effets sont pour lui presque chimériques.

Les primes d'épargne et un salaire qui laisse quelques sous disponibles, sont d'ailleurs les meilleurs moyens d'assurer à l'ouvrier un sort heureux dans sa vieillesse ; ils valent certainement mieux que celui des pensions de retraite. L'homme qui n'ayant pas une grande moralité, peut compter sur une pension, vit dans l'imprévoyance, dépense chaque jour son salaire quotidien, et arrive peu à peu à un désordre dont les effets sont la ruine de la santé et de la famille. Au contraire, l'économie qu'impose la peur de l'avenir, conduit souvent aux bonnes mœurs, et même à la fortune, bien qu'on soit incapable d'apprécier les avantages d'une vie régulière, et qu'on n'aspire nullement à posséder de grandes richesses. Telles et telles familles ne doivent leurs millions, qu'aux petites épargnes qu'elles ont faites par crainte de la misère.

Ligues criminelles. Puisque je vous conseille de donner à l'ouvrier, toutes les fois que les circonstances le permettront, un salaire qui le mette à même de capitaliser, vous sentez que je dois blâmer fortement toute ligue de maîtres, dont le but serait d'imposer une limite au prix de la journée. Une semblable ligue serait effectivement très-blâmable, car je vous l'ai déjà dit, l'engagement d'un ouvrier est un véritable marché, et tout marché dans lequel une des parties se trouve contrainte, est déloyal et frauduleux. Si le besoin fait accepter vos conditions, vous devenez criminel, puisque votre action est analogue à celle d'un homme qui, le couteau sur la gorge d'un autre, le forcerait à travailler pour rien ou presque rien.

Le code prononce un emprisonnement de six jours à un mois et une amende de 200 à 3 000 francs, contre les maîtres coalisés pour *forcer injustement et abusivement l'abaissement des salaires*. Mais, cette peine ne me parait point assez forte; car toute coalition d'ouvriers qui, par violences ou menaces, fait renchérir la main-d'œuvre, attire sur les fauteurs un emprisonnement d'un mois à trois, sur les chefs un emprisonnement de deux à cinq ans, et une perte de mille écus n'équivaut pas, pour un fabricant, à la perte de la liberté pendant 4 ans et 11 mois ou seulement pendant deux mois. Si l'on objecte l'immense danger de la coalition des ouvriers pour la société; je me contenterai de répondre que celle des maîtres est bien plus affligeante pour l'humanité : la première est grandement injuste, sans contredit; mais, il faut l'avouer, la seconde est atroce.

Toujours est-il que la loi et la morale s'accordent pour mettre au nombre des devoirs du fabricant, le paiement du salaire tel qu'il résulte naturellement du rapport des demandes de main-d'œuvre aux offres de cette espèce de marchandise. Je ne puis donc trop vous engager à remplir ce devoir pour le moins aussi rigoureusement que vous remplirez les autres.

Récompense du bon maître. Sachez bien, mes amis, qu'en vous conseillant de vous acquitter avec scrupule de toutes les obligations que votre qualité de maître vous imposera envers les ouvriers, je vous excite en d'autres termes, à pratiquer constamment la vertu ; car remplir ses devoirs, c'est être vertueux. Or la vertu porte en elle-même sa récompense ; vous ne tarderez pas à l'éprouver : les effets probables de la vôtre seront le bien-être matériel et l'élévation morale de l'ouvrier ; il sera donc plus robuste, plus éclairé, plus probe, plus consciencieux ; ayant plus de force, il ne se fatiguera pas aussi aisément, et même sans le vouloir, il travaillera réellement davantage et mieux ; ayant plus de lumières, il aura plus d'intelligence, plus d'adresse, et produira pour le même prix, une plus grande quantité de meilleur ouvrage. Quant à la probité et à la conscience, il est fort aisé de sentir combien leur extension, ou plutôt leur pénétration dans l'âme de l'ouvrier peut avoir d'influence sur la prospérité des affaires du maître.

Résumé.

Les relations sociales imposent aux hommes des devoirs réciproques.

Les devoirs des uns constituent les droits des autres.

Le fabricant a deux sortes de devoirs à remplir envers ses ouvriers : leur bien-être et leur moralité sont les deux objets imposés à sa sollicitude.

L'instruction commence et facilite le perfectionnement moral ; mais pour inspirer à l'esprit le désir d'apprendre, il faut s'emparer du cœur par des bienfaits matériels.

Le maître doit d'abord veiller à la conservation de la santé de ses ouvriers, en les préservant du froid, d'une température trop élevée, de l'humidité, des vapeurs malfaisantes et des miasmes putrides.

On ne saurait prendre trop de précautions contre les malheurs qui affligent si fréquemment les fabriques ; il faut surtout éclairer les ouvriers sur les dangers de leurs travaux.

Il est de la justice et de l'intérêt du fabricant, de prévenir par des sacrifices, les suites déplorables des accidens arrivés dans les ateliers.

Le salaire de l'ouvrier doit toujours pouvoir le faire vivre ; on ne saurait donc le rendre proportionnel au bénéfice du fabricant.

L'ingratitude des hommes ne dispense point du devoir de travailler à leur perfectionnement.

Le fabricant doit donner toute facilité à l'apprenti qui montre le désir d'acquérir des connaissances, et régler les travaux de manière à permettre aux ouvriers de profiter des cours gratuits.

Mettre obstacle à l'instruction d'un jeune homme, c'est le priver du capital le plus précieux, c'est pis que de nuire à l'accroissement de ses forces, par excès de travail ou défaut de nourriture.

Un maître doit chercher à rendre ses ouvriers sensibles à l'honneur, à leur inspirer le respect d'eux-mêmes, à leur faire sentir les avantages des bonnes mœurs.

La prime d'épargne est un excellent moyen pour rendre l'ouvrier économe et le faire arriver à l'aisance.

Les pensions de retraite portent à l'imprévoyance et au désordre, les hommes qui n'ont pas encore une grande moralité.

Une ligue de maîtres pour faire baisser les salaires, est un crime envers l'humanité; l'emprisonnement d'un mois et l'amende de mille écus que prononce le code, ne forment pas une peine assez forte.

Remplir ses devoirs, c'est pratiquer la vertu, et la vertu porte en elle-même sa récompense.

Aussi, le bien-être et la moralité que les ouvriers doivent à leur maître, deviennent des causes de prospérité pour l'entreprise industrielle.

DEVOIRS ENVERS LE PUBLIC.

Le fabricant est à l'égard du public, ou du moins de la partie du public qui achète ses produits, à fort peu près dans la position où se trouve l'ouvrier par rapport à lui : la bourse de l'acheteur est la source de ses bénéfices, comme sa caisse est la source du salaire de l'ouvrier. La seule différence que j'aperçoive, c'est que le riche fabricant peut se passer du public et vivre oisif, au lieu que le pauvre ouvrier a l'atelier pour unique ressource. Mais qu'importe ? puisque le premier éprouve le besoin d'accroître sa fortune, comme le second, le besoin de vivre, ils sont l'un et l'autre dans la dépendance de ceux qui peuvent leur en fournir les moyens. Le fabricant a donc des devoirs à remplir envers ses pratiques, ses correspondans, de même que l'ouvrier envers le maître. — Je leur livre des produits qui m'ont coûté de l'argent et du travail, dira-t-il; eux me les payent le prix convenu; partant, nous sommes quittes. — Prenez garde ! pour le salaire que vous lui donnez, votre ouvrier vous fournit ses forces, son savoir-faire, son intelligence, son adresse; et tout cela lui a bien coûté aussi quelque argent, quelque travail. Non, le consommateur et vous n'êtes pas plus quittes que vous et l'ouvrier. — Mais, à ce compte, mes pratiques, mes correspondans auraient aussi des devoirs à remplir envers moi? — Qui vous dit le contraire ? ne savez-vous pas qu'il suffit de la simple rencontre de deux hommes pour leur imposer des devoirs réciproques : la vie sociale n'est au fond qu'un échange de devoirs ; nous retomberions dans la barbarie, le jour où nous voudrions nous en affranchir.

Trois choses sont à considérer dans les relations du fabricant et des acheteurs : l'exactitude, la qualité des produits et leur prix.

Exactitude. Rien n'est plus rare que l'exactitude, surtout chez le petit fabricant : l'ouvrage promis pour la fin de la semaine, n'est souvent pas encore livré au bout du mois. Est-il convenable, est-il juste d'agir ainsi ? L'acheteur voulait procurer une jouissance à quelqu'un de cher ou à lui-même, et vous la retardez, vous la détruisez. La chose commandée lui était indispensable, au jour assigné ; il vous en avait prévenu ; il avait même poussé les précautions jusqu'à vous démontrer le tort que lui ferait votre manque de parole, et cependant vous l'avez remis, vous le remettez encore de jour en jour, de semaine en semaine.

Je sais bien que beaucoup de gens se disent pressés, sans l'être, et que l'égoïsme ne leur permet guère de tenir compte des commandes urgentes ; mais il en serait sans doute autrement si vous étiez renommés pour l'exactitude. Je sais bien encore que ceux qui crient le plus contre vos retards et vos fausses promesses, montreront fort peu d'empressement à solder le mémoire ;

car, il y a dans une foule de ménages, plus de besoins et de fantaisies que de moyens d'y satisfaire; mais vous auriez bien moins de ces débiteurs oublieux, si vous ne donniez pas l'exemple de l'inexactitude. Quelques-uns se croient en droit de vous faire attendre l'argent aussi long-temps qu'ils ont attendu l'ouvrage; d'autres veulent, par un retard double, triple du vôtre, vous punir du tort que vous leur avez causé ou de la contrariété qu'ils ont éprouvée.

J'ai trop de besogne, dites-vous; aucune de mes journées ne peut suffire aux commandes qu'elle amène; et puisqu'il m'est impossible de contenter tout le monde, je prends le parti de faire attendre un peu chaque pratique. — Que gagnez-vous à cette ruse? de mécontenter tous ceux qui s'adressent à vous et de les éloigner peu à peu de votre atelier; voilà tout, car ce n'est pas l'ouvrage accepté qui donne un bénéfice, c'est l'ouvrage fait et livré. Que vous ayez autant de commandes qu'il est possible à votre fabrique d'en exécuter, c'est tout ce qu'il faut. Le reste ne sert qu'à vous causer du souci, qu'à vous donner un mauvais renom. — Beau conseil vraiment, que celui de renvoyer des pratiques! — Préférez-vous les perdre toutes ou presque toutes; préférez-vous mentir et tromper; car enfin chacun a le droit de vous imposer une époque; le vôtre est de l'accepter ou de la refuser; mais une fois qu'elle est convenue,

c'est manquer à votre parole que de la dépasser.
— Bah ! on sait bien ce que vaut la parole
d'un fabricant. Huit jours dans sa bouche signi-
fient toujours quinze. Adressez-vous à un autre,
vous ne serez pas plus tôt servi. Nous nous res-
semblons tous. — Cela n'est pas tout-à-fait
exact, heureusement : plusieurs honorables exceptions me sont connues, mais, pour l'honneur
de l'industrie et l'intérêt de la société, je voudrais qu'elles fussent beaucoup plus nombreuses,
ou plutôt que les fabricans qui se jouent de
leurs promesses, devinssent les exceptions.

La morale ne tarde guère à être méprisée et
la corruption à faire d'alarmans progrès, une
fois que le monde tourne en plaisanterie la parole donnée. Ne serait-il donc pas mieux de
dire à une personne pressée ? voyez ailleurs ;
pour moi, je ne puis m'occuper de votre commande que dans un mois. Elle verrait ailleurs
effectivement, et si elle ne pouvait obtenir une
époque plus rapprochée, elle vous reviendrait
sur-le-champ, parce que c'est en votre habileté
qu'elle a confiance; si ailleurs on la trompait
sur le temps, elle vous reviendrait plus tard,
parce qu'elle vous prendrait en grande estime,
dès qu'elle aurait comparé votre bonne foi à la
tromperie de vos confrères. Ainsi, la conduite
loyale que vous refusez de tenir, crainte de
manquer d'ouvrage un jour, serait précisément
la plus propre à vous en donner abondamment.
Tant il est vrai qu'on doit-être honnête homme

8*

par calcul, si l'on ne peut l'être par amour de la vertu.

Au reste, la même maxime pourrait être déduite de presque tous les actes de la vie. S'il est quelquefois permis au fripon de la parodier, rarement son révoltant persiflage reste impuni : la justice des hommes ou cette justice éternelle et secrète que tout nous révèle, que tout montre inévitable, venge bientôt la morale outragée et prouve au monde qu'en effet la vertu seule peut conduire sûrement au bonheur.

Bonne qualité. Tromper sur la qualité des produits est plus dangereux encore que de tromper sur l'époque de la livraison. L'acheteur peut se résigner et attendre patiemment ou bien oublier son ressentiment contre le fabricant retardataire ; jamais, je vous l'ai déjà dit, il ne pardonne l'abus de confiance dont se rend coupable celui qui vend pour bons des objets remplis de défauts cachés. C'est qu'en effet on lui cause un grand tort : il s'était déterminé à dépenser 100 francs, pour obtenir une certaine quantité d'utilité, c'est-à-dire pour se procurer une chose dont le service journalier pût se prolonger pendant deux ans, par exemple, et de fait il ne jouit de ce service que pendant six mois. Il a donc eu, pour 100 fr., seulement le quart de la quantité d'utilité qu'il désirait et qui lui a été réellement vendue. N'est-ce pas comme si, par fraude, on lui avait fait payer 100 fr., une chose pour laquelle il aurait tout

au plus consenti à donner 25 fr. ? Que tous ses
fournisseurs se comportent de la même manière,
ils lui voleront les trois quarts de son revenu,
et au lieu de vivre dans une honnête aisance,
cet homme pourra connaître le besoin.

Comme il n'est dans les droits de personne
d'appauvrir son semblable, vous voyez qu'un
des premiers devoirs du fabricant envers le public, est de fournir des produits exempts de
défauts cachés, ou de les vendre pour ce qu'ils
sont, si, malgré lui, une faute de confection
ou l'altération tardive de quelque partie peut en
diminuer la durée et l'utilité ordinaires. La remise qu'il fera sur le prix courant, ne sera point
une perte, puisque son bénéfice légitime comprend une prime contre de pareils accidens.

On me fera observer peut-être que souvent
les fautes de construction sont assez bien dissi-
mulées par les ouvriers et que les altérations des
matières peuvent échapper. J'en conviendrai,
mais en ajoutant que la justesse de l'observation
impose un nouveau devoir au fabricant : celui
d'examiner ou de faire examiner les produits
avec le plus grand-soin, avant de les livrer. Il
n'est guère de défauts majeurs qui puissent
échapper à l'œil exercé d'un bon contre-maitre.
Si cependant quelques-uns n'étaient point aper-
çus, ce serait un sujet de regrets, sans doute,
mais enfin le fabricant n'aurait aucun reproche
à se faire et il supporterait avec la résignation
d'une conscience tranquille, la perte de pratiques

qui en résulterait. Peut-être aussi n'aurait-il pas
besoin de recourir à la résignation : quand une
réputation de loyauté et de bonne fabrication est
bien établie, chacun est porté à regarder comme
un pur accident, ce que, dans le cas contraire,
il attribuerait volontiers à la fraude.

Vente aux étrangers. C'est surtout lorsqu'on
vend à un étranger qu'il faut livrer du bon. Il
tient avec raison à n'importer chez lui que des
produits de première qualité ; car le transport
occasionne de grands frais, la distance rend le
renouvellement difficile, et le manque d'ouvriers capables ôte presque toute possibilité aux
réparations. Cependant, un aveuglement in-
compréhensible fait ordinairement réserver pour
l'étranger, les produits les plus défectueux. — On
n'entendra point ses plaintes, c'est comme s'il
ne se plaignait pas. — A la bonne heure ; mais
il ne troublera votre repos d'aucune façon : il
ne vous demandera plus rien et peut-être vous
fera-t-il perdre toute la fourniture de son pays.
Pour ouvrir et conserver des débouchés lointains
à son industrie, le fabricant ne saurait trop soigner la qualité de ses produits.

Les livraisons faites à l'étranger ou à l'inté-
rieur peuvent avoir lieu dans deux circonstances
différentes : elles sont précédées d'un marché,
de conventions entre le vendeur et l'acheteur, ou
bien elles sont les conséquences de simples commandes faites sans conditions. Dans ce dernier
cas, où le fabricant est libre de porter sur sa

facture, sur son mémoire, tel prix qu'il veut, où l'on s'en rapporte absolument à lui pour la qualité, il a évidemment pour devoir de ne fournir que des produits parfaits S'il craint que le consommateur ne veuille opérer une réduction sur le total du mémoire, j'aimerais mieux qu'il forçât le prix, que d'altérer la qualité ; mais j'aimerais mieux encore qu'il eût de la conscience pour les deux choses, et se résolut bien à ne pas souffrir la moindre réduction.

Rabais. On ne saurait trop blâmer la facilité avec laquelle presque tous les fabricans se prêtent à la diminution de leurs prix, et l'insistance que mettent les consommateurs à obtenir un rabais. Il y a tort des deux côtés ; chaque partie nuit à l'autre et à elle-même. Si vous souffrez une réduction, dirai-je au fabricant, on en conclut que vous surfaites, qu'on paye peut-être encore trop cher, et qu'il y a lieu de se méfier de vous pour la qualité, comme pour le prix. Le peu de considération que montre le public à certains artisans, provient surtout de conclusions pareilles et assez justes. Si vous ne consentez à payer qu'après avoir obtenu un rabais, dirai-je au consommateur, on grossira tellement le mémoire, de peur d'être en perte, que vous serez nécessairement dupes pour le prix d'abord, ensuite pour la qualité, parce que celui qui trompe sur une chose, trompe bientôt sur une autre. Tel petit fabricant n'a perdu toute conscience, que pour avoir été forcé de surfaire, afin de sauver son bénéfice légitime de la lésinerie de ses pratiques.

L'homme qui a travaillé pour l'avantage d'un autre, doit avoir la force d'exiger son juste salaire, sans en rabattre un centime; mais il doit aussi ne jamais demander davantage. Quant à l'homme qui, profitant du travail d'un autre, le tourmente pour lui faire abandonner la majeure partie du gain légitime, vous savez de reste ce que j'en pense. Heureusement, l'avarice n'est pas si générale, qu'on ne rencontre encore bon nombre de consommateurs qui, après avoir demandé une diminution, payent sans marchander, dès qu'on la leur refuse : ils aiment mieux s'exposer à payer un peu trop, qu'à retenir la plus mince partie de ce qu'ils doivent réellement. J'ai même quelques raisons de croire ces honnêtes gens-là moins rares que ceux qui s'abstiennent de surfaire.

Mais, pourquoi surfaire, si l'on n'a pas dessein de tromper? pourquoi accorder un rabais, si en trompant, on veut passer pour probe? Dans les deux cas, il y a sottise; dans les deux cas, on devrait vendre à prix fixe, dit le sens commun : rien n'inspire davantage la confiance, rien n'attire davantage le public. Il est si commode de n'avoir point à marchander! il est si agréable de n'être pas exposé à se trouver dupe, faute de ténacité dans le débat du prix, faute de hardiesse pour lutter de rapacité! — Combien cet objet, monsieur? — L'étiquette porte tel prix, monsieur. —C'est tout au juste ? — Nous vendons à prix fixe. — Cette réponse termine tout ; on sort sans acheter, si l'objet paraît trop cher, ou bien on le paye et on l'emporte, satisfait de pouvoir se dire : ce n'est pas ma faute, si je n'ai pas obtenu meilleur marché ; dupe ou non, j'ai été traité comme tout le monde.

Lorsqu'un marché précède la livraison, de deux choses l'une arrive : ou le prix du fabricant est accepté de l'acheteur ; ou il est réduit. Dans les deux cas, à moins de stipulations contraires, c'est la meilleure qualité qui doit être fournie, car c'est celle que vous êtes supposé avoir voulu vendre, et qu'on a entendu acheter. En vain direz-vous qu'à force de marchander, l'acheteur vous a contraint en quelque sorte de consentir à un prix trop bas, et que vous ne pouvez y trouver votre compte qu'en livrant des produits de second choix. Il fallait résister avec opiniâtreté, vous répondrai-je, ou prévenir qu'une réduction aussi forte sur le prix en entraînerait une plus importante encore sur la qualité. C'est agir à la manière du jésuite Escobar, que de se dire mentalement : on exige cet énorme rabais ? Hé bien ! soit ; mais on aura de la marchandise pour son argent. — De telles restrictions sont toujours aux yeux du moraliste, de vraies fourberies, bien qu'elles aient eu l'approbation pleine et entière de la fameuse compagnie soi-disant de Jésus.

Conditions à remplir. Enfin, certaines commandes imposent au fabricant l'obligation de se conformer à un dessin, à un modèle, ou à des dimensions, à des dispositions soigneusement indiquées. Son devoir est d'exécuter à la lettre les prescriptions du consommateur; il ne lui est pas permis d'y rien changer, sans autorisation, même quand il serait certain de mieux faire, parce que nul n'a le droit de substituer sa volonté à celle des autres, pour ce qui concerne leurs intérêts. On peut, on doit même éclairer celui qu'on croit dans l'erreur; mais finalement chacun est juge de ses convenances et libre de suivre ses goûts, quand il ne peut en résulter préjudice que pour lui-même. Observez d'ailleurs que le zèle mal entendu et parfois intéressé du fabricant pourrait lui être fatal : le consommateur, mécontent des améliorations prétendues ou réelles, serait en droit de refuser le produit, voire même d'exiger un dédommagement, pour le tort que lui causerait l'inexécution du marché.

Juste prix. Le troisième des devoirs envers le public est de vendre à juste prix. Il ne suffit pas, pour le remplir, de ne point surfaire, de vendre à prix fixe. Surfaire, c'est, vous le savez bien, demander plus que la somme dont on se contentera; le prix fixe est précisément celui qu'on veut obtenir, puisqu'on ne rabat rien; mais des gens peuvent se trouver qui désirent et veulent plus qu'il n'est réellement dû; il en est même trop souvent ainsi. On vend au contraire à juste prix, quand il n'est demandé en paiement qu'une valeur égale à la quantité d'utilité livrée, ou plutôt, quand la somme exigée de l'acheteur égale précisément les frais de production (T. II, page 179). Alors, le fabricant rentre dans ses avances pécuniaires et obtient son légitime bénéfice, ce qui pourtant n'empêche pas toujours le consommateur de faire un mauvais marché. Le marché est évidemment mauvais, si la quantité d'utilité ne vaut pas les frais de production; mais dans ce cas, l'acquéreur n'est dupe que de lui-même: le producteur a mal calculé, mal géré, sans doute, mais rien de contraire à la probité ne peut lui être reproché.

Exception au juste prix. Il est toutefois une circonstance assez ordinaire où le fabricant peut et doit même dépasser son juste prix, en traitant directement avec le consommateur : elle a lieu quand, afin de rendre plus rapide l'écoulement de ses produits, il se trouve obligé de partager la vente en détail avec des intermédiaires nommés *marchands*. Ces marchands n'achètent en effet que pour revendre et pour revendre avec profit, car il est juste qu'on leur paye le prix du service qu'ils rendent en épargnant de longues courses. Or, si le prix du fabricant était pour tout le monde, le même que pour eux, personne ne se présenterait à leurs boutiques ; ce serait à la fabrique qu'on irait acheter. La

9

vente en détail doit donc se faire, dans cette fabrique, au juste prix des marchands ; de sorte que l'entrepreneur gagne plus qu'il ne devrait, sur ce qu'il livre directement aux consommateurs : il réunit à son bénéfice légitime celui de ses intermédiaires.

Mais, un moyen existe de corriger cet état de choses peu conforme à la justice, et ce moyen est ordinairement employé, parce qu'en assurant au fabricant et au marchand les gains qui doivent leur être alloués sur chaque objet, il facilite la consommation et se trouve ainsi d'accord avec les intérêts du plus grand nombre. Vous concevez en effet qu'en diminuant le profit à faire sur le marchand, de manière à compenser l'excès de celui qu'il fera sur le consommateur, le fabricant sera réduit à son bénéfice légitime. Il est vrai que ceux qui s'adresseront à lui paieront toujours plus cher qu'ils ne devraient ; mais on paiera un peu moins dans les autres magasins de détail, et généralement le public obtiendra les produits à meilleur marché (*).

(*) Soit p le prix de vente en gros et m la quantité de produits vendus aux marchands à ce prix ; soit P le prix de vente en détail et n la quantité de produits vendus à ce prix, par le fabricant ; soit enfin Q le prix auquel il devrait vendre les $m + n$ produits, pour avoir son bénéfice légitime. Evidemment, ce bénéfice sera encore réalisé, si

Supposons, pour mettre une telle spéculation dans tout son jour, que les avances pécuniaires faites à la production complète d'un objet vendu

---

$$mp + nP = (m + n)Q,$$

puisque la recette sera tout-à-fait la même. Or, cette équation donne

$$p = \frac{m + n}{m}Q - \frac{n}{m}P,$$

formule au moyen de laquelle on pourra toujours apprécier quel doit être le prix de vente en gros, pour que le fabricant-détaillant ne dépasse pas beaucoup son bénéfice légitime : à cet effet, il faudra rechercher approximativement quels peuvent être P, m et n, d'après la consommation présumée ou existante. Quelquefois P est fixé ; c'est ce qui a lieu, par exemple, pour la plupart des livres, dans le commerce de la librairie.

On a toujours $P = p + b$, si b représente le bénéfice du marchand ; par conséquent, p est moindre que Q, autrement l'équation

$$mp + nP = (m + n)Q = mQ + nQ$$

ne pourrait subsister. Et comme cette même équation donne aussi

$$P = Q + \frac{m}{n}(Q - p),$$

on voit que tout consommateur paiera $\frac{m}{n}(Q - p)$ en sus de Q, prix de production. Cette augmentation

1^f,50 en détail, soient de 1^f,09 et que le bénéfice légitime du fabricant ait été évalué à 10 pour cent de ses avances. Le prix auquel il devrait vendre, si tous les consommateurs s'adressaient directement à lui, serait à fort peu près 1^f,20. Mais, s'il leur vend seulement $\frac{1}{7}$ de ses produits, et que les $\frac{6}{7}$ soient livrés aux marchands, il faudra, pour que le bénéfice légitime reste le même, mettre à 1^f,15 le prix de la vente en gros (*). En effet, 6 pièces à 1^f,15 feront 6^f,90;

---

sera même d'autant plus grande, pour une valeur quelconque de P, qu'il y aura moins de détail à la fabrique et que le prix de vente en gros sera moins grand. Mais aussi on gagnera $Q - p$ à ce que ce même prix soit p au lieu de Q: on paiera seulement $p + b$ ce qu'on eût payé $Q + b$. Enfin, il est facile de reconnaître que, si le bénéfice des marchands était $\frac{m + n}{n} Q$, le fabricant aurait encore son bénéfice légitime, en leur donnant ses produits pour rien.

(*) Il n'est pas absolument nécessaire de recourir à l'Algèbre pour déterminer ce prix. On peut y parvenir très-facilement au moyen du calcul des mélanges, exposé dans mon *Arithmétique des écoles primaires*. Le prix de la vente en gros forme effectivement, avec le prix de la vente en détail, les deux prix extrêmes d'un mélange dont 1^f,20 est le prix moyen. L'excès 0,30 de 1^f,50 sur 1^f,20 donnera donc le nombre des objets vendus en gros, et comme celui des objets vendus en détail, par le fabricant, est $\frac{1}{6}$ du précédent, il sera 0,05. Retranchant ce dernier nombre du prix

une pièce à 1^f,5o donnera 1^f,5o; les 7 pièces produiront donc une recette de 8^f,4o et le prix moyen de chacune sera 1^f,2o.

Si notre fabricant exigeait 1^f,2o des marchands, ceux-ci, pour faire le même bénéfice de o^f,35, seraient obligés de vendre à 1^f,55, et tous les consommateurs subiraient une augmentation de 3 $\frac{1}{8}$ pour cent. A la vérité, le petit nombre de ceux qui peuvent s'adresser à la fabrique, paieront 1^f,5o au lieu de 1^f,2o ou 25 pour cent de plus, uniquement parce que l'écoulement des produits exige l'entremise des marchands.

Mais, pour certaines choses, il est fort important qu'une faible partie des citoyens soit ainsi grévée au profit du reste de la nation. Qu'un libraire-éditeur, par exemple, veuille vendre à son juste prix, dans sa localité, les livres qu'il publie et dont il est le véritable fabricant. Il sera obligé, pour réaliser son bénéfice légitime, d'imposer ce prix à tous les libraires de France; il sera même obligé de leur faire payer un peu plus, afin de couvrir ses frais de correspondance et d'emballage. Ces libraires ajouteront au prix d'achat, leurs propres frais

---

moyen 1^f,2o, on trouve 1^f,15 pour le plus bas prix. Cette manière de procéder n'est au fond que l'inverse de celle qu'il faut suivre quand il s'agit de déterminer les nombres de deux choses à différens prix, qui doivent entrer dans un mélange à prix moyen connu.

9*

de correspondance, de transport, de magasin,
de patente, etc., et leur bénéfice légitime. Les
libraires qui achèteront chez les précédens,
feront de pareilles additions ; les colporteurs en
feront d'autres, et finalement les livres seront
à très-haut prix, quand ils parviendront aux
consommateurs des petites villes et des cam-
pagnes. N'est-il pas vrai que ce sont précisément
ceux auxquels les livres sont le plus nécessaires,
qui pourront le moins les acheter ? N'est-il pas
vrai que le commerce, l'instruction publique,
la civilisation souffriront beaucoup de la sollicitude du libraire-éditeur pour ses concitoyens ?

Il serait donc de toute manière avantageux
au pays, que, dans certains cas, les habitans
d'une ville payassent au-dessus de la valeur lo-
cale, les objets d'un facile transport qui s'y
produisent exclusivement, et que le prix en fût
le même ou à peu près le même dans toute la
France : quelques milliers de personnes y per-
draient, mais trente millions d'autres consommateurs y gagneraient, et la prospérité nationale,
bien loin d'en souffrir, ferait d'immenses progrès,
puisqu'elle dépend surtout d'une facile et rapide
distribution des richesses.

Monopole. Il en serait tout autrement, si le
prix d'une chose dépassait les frais de production, non-seulement autour de la fabrique,
mais encore dans tout le reste du royaume. Le
mal serait même plus grand que dans le cas où
le fabricant ferait toutes ses ventes au juste prix.

Une grande partie de la population se trouverait privée du service de cette chose, une foule
de besoins ne pourraient être satisfaits, et la satisfaction des autres causerait un déplacement de
richesses qui ne serait profitable qu'au producteur. Il y aurait donc appauvrissement d'un
côté, souffrance de l'autre, et pour compensa-
tion unique, l'accroissement rapide et scanda-
leux de la fortune de quelques individus. Con-
sentiriez-vous à reconnaitre du patriotisme et de
l'humanité dans la conduite de ces fabricans
avides? Trouveriez-vous qu'ils remplissent leurs
devoirs d'hommes et de citoyens? Et cependant
il en existe un assez grand nombre; tous possèdent l'estime du monde; ce monde se plait
même à les combler d'honneurs, sans penser
que la différence des positions sociales est la seule
qu'il y ait entre eux et ces braves gens qui
prennent les écus de la bourse du voisin pour les
mettre dans la leur.

Ne devinez-vous pas que je veux parler des
fabricans qui, pour s'enrichir en appauvrissant
leurs concitoyens, profitent sans pudeur des prohibitions et des droits énormes dont sont frap-
pés les produits étrangers? Les bénéfices légitimes
que leur assurent ces mesures fiscales, l'immense
avantage que leur fait le pays en les prenant pour
ses uniques fournisseurs, en leur concédant le
monopole de son approvisionnement, ne suffit
point à leur ambition. Aussi, quelle reconnaissance en ont-ils? On les voit refuser nettement

leurs produits à ceux qui veulent n'en payer que les frais de fabrication : ils osent prétendre à une forte prime, pour avoir bien voulu réaliser le bénéfice légitime le plus élevé peut-être. Cette conduite ressemble assez à une honnête violence, puisqu'on ne peut se passer de leur industrie.

Vous penserez probablement qu'une telle tyrannie n'est guère possible, quand le champ de la concurrence nationale est libre. Nous la subissons cependant; il semble qu'il y ait ligue entre nos fabricans monopoleurs, pour maintenir leurs prix exhorbitans. Malheureusement, nos lois qui punissent les ligues attentatoires au bien-être des ouvriers et même au bien-être des entrepreneurs d'industrie, ne sévissent point contre celles que peuvent former ces mêmes entrepreneurs au détriment du bien-être de tout un peuple.

Mais, pourquoi des prohibitions? pourquoi ces droits de douane? demanderez-vous. A quoi servent les prohibitions, si ce n'est à faire naître et à nourrir des industries factices? — Interrogez les chauds partisans du monopole et les agens du fisc qui tous en profitent. Pour moi, je crois que la théorie de la prospérité des nations, est absolument la même que celle de la prospérité des familles. Les unes doivent, comme les autres, opérer entre elles une division du travail. Le pays qui florira le plus, sera certainement celui qui se livrera exclusivement à ce qu'il peut faire mieux et à plus bas prix que ses voisins.

Vouloir tout produire pour s'affranchir de l'industrie des autres, est une folie qui mène droit à la misère.

Tenez-vous absolument à ma réponse? hé bien! je vous dirai qu'à mon sens, les prohibitions et les droits de douane sont pour le génie industriel, ce que les narcotiques sont pour le corps humain. Voyez comme nos monopoleurs s'endorment mollement sur leurs amples bénéfices, sans s'inquiéter le moins du monde de perfectionner leurs procédés, ni de produire à moins de frais!

Sachez pourtant qu'il serait impossible de supprimer tout-à-coup plusieurs de nos droits d'entrée, sans causer une perturbation générale. Tant de capitaux, tant de bras se trouvent employés dans des fabrications qui ne sont point naturelles à la France, qu'on s'épouvante à l'idée d'en arrêter brusquement le travail. Que faire d'un si grand nombre d'ouvriers sans pain? Comment combler sur-le-champ l'énorme déficit des revenus publics et particuliers? Voilà les conséquences des fautes de nos ancêtres : les immenses sacrifices auxquels ils se sont condamnés, en retirant leurs moyens de productions à l'exploitation du sol, pour les appliquer à des arts nouveaux, nous imposent aujourd'hui l'obligation d'en faire d'autres, et peut-être l'imposeront-ils encore à plusieurs générations de nos descendans.

Sachez aussi qu'une sage administration doit

exiger un tribut de certains produits étrangers, afin d'en soutenir la fabrication dans son propre pays. Le premier besoin d'une nation est l'existence politique, comme le premier besoin d'un homme est l'existence physique. Ce serait donc une haute imprudence que de nous mettre à la merci de nos voisins, pour des choses de première nécessité : la privation de ces choses en temps de guerre, pourrait non-seulement nous réduire à un état déplorable, mais encore nous donner des vainqueurs et des maîtres. Il en serait de même de deux familles qui vivraient seules dans un lieu ignoré : chacune aurait le plus grand tort de faire dépendre son existence du bon plaisir de l'autre; toutes deux devraient produire par elles-mêmes ce qu'exigent les premiers besoins de la vie.

La nécessité de soutenir des industries onéreuses, ne cessera peut-être qu'à l'époque où les hommes posséderont cette perfection morale qui fera regarder la guerre comme une révoltante absurdité, où les différens des nations seront jugés par un congrès permanent, libre et souverain. Alors, les prohibitions et les droits de douane n'auront plus que leurs graves inconvéniens, et l'anéantissement de leurs avantages les fera disparaître pour toujours.

Mais, ces temps heureux sont encore loin de nous, sans doute. Pendant que les progrès des lumières et surtout leur propagation en préparent l'accomplissement, le gouvernement a un devoir à remplir, et il le remplira, sa conduite actuelle est bien propre à le faire espérer. Il faut d'abord atténuer les droits de douane autant qu'il est possible, les diminuer ensuite à mesure que les industries protégées feront des progrès, et hâter ces progrès, en annonçant long-temps à l'avance les nouveaux coups qu'on se propose de porter au monopole. Cette sage politique naturalisera peu-à-peu les industries factices; au bout d'un certain nombre d'années, elles ne craindront plus la concurrence étrangère, et les droits pourront être entièrement supprimés, bien avant que la raison soit la seule souveraine du monde.

Résumé.

Le fabricant a des devoirs à remplir envers ceux qui achètent ses produits.

L'inexactitude peut causer un tort réel aux pratiques; elle leur est un prétexte pour retarder le paiement; elle cause un mécontentement qui bientôt fait cesser les commandes.

Le refus de l'ouvrage dont l'exécution ne peut être ajournée, est bien plus propre à donner de nouvelles pratiques, qu'à éloigner les anciennes.

On doit être honnête homme par calcul, si on ne peut l'être par amour de la vertu.

Comme nul n'a le droit d'appauvrir son semblable, le fabricant est tenu de vendre pour défectueux, les objets qu'il sait l'être.

Il est même dans ses devoirs de faire examiner et trier les produits avec un soin minutieux, avant de les livrer.

Le peu de défauts qui échappent, ne peuvent nuire à une longue réputation de loyauté et de bonne fabrication.

C'est surtout lorsqu'on vend à l'étranger qu'il faut livrer du bon; il n'y a pas de meilleur moyen pour ouvrir et conserver des débouchés lointains.

Il est moins mal de forcer le prix que de livrer en mauvaise qualité, quand il n'y a pas eu de conventions préalables.

Mais, la probité ordonne de ne faire ni l'un ni l'autre, sauf à ne souffrir aucune réduction de la facture ou du mémoire.

On doute toujours de la probité du fabricant qui surfait; au contraire, rien n'inspire la confiance, comme de vendre à prix fixe.

Après un marché où la qualité des produits n'a pas été stipulée, c'est toujours la meilleure qui doit être livrée, soit que le prix du fabricant ait été accepté, soit qu'il ait été réduit.

Il n'est pas permis au fabricant de rien changer aux prescriptions d'une commande, même quand il serait certain de mieux faire.

Il s'expose à voir refuser l'ouvrage, et peut-être à payer un dédommagement, s'il ne se conforme pas scrupuleusement aux conventions faites.

Le fabricant n'a droit qu'au juste prix des

choses , c'est-à-dire aux frais de production qui comprennent le bénéfice légitime.

Cependant, il peut, il doit même dépasser le juste prix dans le détail qu'il fait de concurrence avec ses correspondans ; mais alors il faut qu'il se tienne au-dessous , dans les ventes en gros.

Une pareille spéculation facilite la distribution des richesses et tourne ainsi à l'avantage général.

Profiter des prohibitions et des droits de douanes pour accroître outre mesure son bénéfice , c'est soumettre le public à une véritable taxe , et nuire à la prospérité nationale.

Rien de plus propre que le monopole à retarder les progrès de l'industrie.

Il est cependant des fabrications qu'il faut continuer de protéger par des droits d'entrée , à cause des capitaux et des bras qui s'y trouvent employés.

Le monopole d'autres fabrications doit être donné aux nationaux , pour assurer l'existence politique du pays.

La diminution graduelle des droits de douanes peut parvenir à naturaliser les industries factices.

VENTE DES PRODUITS.

Le chapitre précédent nous a fourni l'occasion d'établir quelques principes sur la vente des produits ; mais il en est d'autres qui n'ont pu y trouver place, et c'est de ceux-là que nous allons nous occuper.

Vente à crédit. Il est certainement plus avantageux de vendre au comptant, que de vendre à
crédit. Le fabricant qui rentre dans ses fonds,
se trouve en mesure de profiter des bonnes oc-
casions pour son approvisionnement ; celui qui
fait crédit, court des chances : quelques créances
ne sont jamais payées, et l'escompte gagné sur
celles qu'on recouvre, le bénéfice entier même,
est souvent bien loin de compenser la perte.
Ne vous pressez donc jamais de vendre, quand
on vous offre en paiement du papier au lieu
d'écus. A la vérité, les produits attendront dans
vos magasins et les frais de fabrication s'accroî-
tront du nouvel intérêt des avances pécuniaires,
de sorte que le bénéfice ne pourra être aussi
grand ; mais dites-vous qu'un petit profit certain,
vaut mieux qu'un gros profit aventuré.

Il n'est pas toujours possible d'éviter les ventes
à crédit, je le sais. La caisse tarit, à mesure que
les magasins s'emplissent ; il y a plénitude gê-
nante d'un côté et vide inquiétant de l'autre ; on
a déjà payé un approvisionnement avec ses propres billets ; un autre devient nécessaire, et
peut-être n'obtiendrait-on pas de matières premières sur sa seule signature ; en un mot, pour
plusieurs raisons, il faut vendre, et aucun acheteur au comptant ne se présente.

Dans un tel cas, ne vous laissez pas prendre
à des offres attrayantes ; méfiez-vous des gens
qui se montrent très-faciles sur le prix ; ne leur
accordez point de longs termes, n'en accordez

même à personne ; sacrifiez plutôt une partie du bénéfice légitime, pour rapprocher l'époque du paiement ; une autre fois vous gagnerez davantage, et cette vente-ci vous exposera moins.

Au reste, avant de vendre à crédit, et surtout avant de consentir à un long terme, il convient de s'informer avec soin de la solvabilité de l'acheteur, des résultats ordinaires de ses spéculations, de son habileté, de ses mœurs et de sa probité. Les faillites ont en effet diverses causes : les unes sont dues à des malheurs, d'autres au défaut d'instruction et de prudence, d'autres à la mauvaise conduite, d'autres enfin à la friponnerie. Les créanciers retirent souvent quelque chose des premières et des secondes ; quelquefois même il ne faut qu'attendre pour être payé intégralement ; mais dans les deux dernières espèces, il n'y a rien à récupérer ; on n'obtient, pour son argent, que la triste satisfaction de voir condamner le débiteur au mépris public ou aux galères. C'est bien le moins qu'il mérite, pour avoir travaillé de sang-froid à la ruine de plusieurs familles rangées, probes et laborieuses.

Une autre sage précaution doit être encore recommandée au fabricant qui fait crédit, après avoir lui-même acheté à terme : c'est de fixer l'époque de sa recette, de façon qu'elle précède d'une dizaine de jours, celle du paiement, afin de se ménager le temps nécessaire pour aviser aux moyens de remplir ses engagemens, dans le cas où le débiteur manquerait aux siens.

Vente à livrer. S'il est en général peu prudent de vendre à crédit, il l'est peut-être moins encore de vendre *à livrer*. Par cette sorte de marché, on s'engage à fournir, dans un délai convenu, des objets qui ne sont pas encore confectionnés, ou à conserver jusqu'à une époque fixée des produits qu'on tient en magasin. Il n'y a aucun risque à courir, sous le rapport du bénéfice, même dans le premier cas, si l'on possède les matières premières : on sait au juste à combien reviendra la marchandise vendue, et par conséquent, on est en état d'en déterminer le juste prix. A la vérité, le fabricant qui vend à livrer, se met dans l'impossibilité de profiter de l'élévation du cours ; mais d'un autre côté, il ne court plus la moindre chance de baisse.

Il y a imprudence quand on n'a pas les matières premières, parce qu'elles peuvent renchérir entre la conclusion du marché et le moment où elles seront achetées ; il y a imprudence dans tous les cas, parce qu'un événement quelconque peut vous enlever les produits vendus ou vous empêcher de les fabriquer : vos magasins sont exposés à l'incendie et au pillage ; vous pouvez être forcé d'interrompre les travaux, faute d'ouvriers ou faute des fonds sur lesquels vous comptiez. Or, celui qui ayant vendu ne peut livrer, doit à l'acquéreur un dédommagement égal au bénéfice probable dont il le prive.

Les ventes que la livraison suit immédiate-

ment, sont donc à préférer. Elles réunissent
tous les avantages, lorsqu'elles se font au comptant et qu'elles ont lieu aussitôt après la production : le prix est moindre, puisqu'il y a
moins d'intérêts à récupérer, et conséquem-
ment, le bénéfice légitime tout entier est aisément réalisé ; en outre, le fabricant rentrant
promptement dans ses avances, a les moyens
de faire plus avantageusement de nouvelles acquisitions.

Vente à perte. N'est pas marchand qui toujours gagne, dit un proverbe. Il se présente
effectivement des cas où il faut savoir supporter
des pertes, pour en éviter de plus grandes.
Qu'un fabricant qui n'a plus ni fonds, ni crédit,
ne puisse placer ses produits, à cause du haut
prix auquel les a portés le renchérissement soit
des matières premières, soit de la main-d'œuvre, ou à cause de troubles, de craintes qui
arrêtent la dépense des revenus ; il sera obligé,
s'il veut continuer de travailler, d'exciter les
consommateurs, par une réduction plus ou
moins forte, à vider ses magasins et à remplir
sa caisse. Ferait-il mieux de cesser toute fabrication ? Non, sans doute : les machines, les
outils sont détériorés beaucoup plus vite par
le repos que par l'usage ; les relations se rom-
pent dès qu'elles ne sont plus entretenues ; les
capitaux engagés ne rapportent rien pendant le
chômage ; et cependant il faut continuer de
maintenir le matériel en bon état, sous peine

10*

de tout perdre ; il faut en outre faire vivre la famille. Comment pourvoir à toutes ces nécessités, quand la caisse est absolument vide? La faillite et une ruine complète seraient bientôt inévitables. Pour prévenir ces malheurs, s'il est possible, il n'y a pas d'autres moyens que de continuer à produire et de vendre sans aucun bénéfice : au moins, le fabricant retirera l'intérêt de ses capitaux et ses frais d'entretien. Mais, dût-il même en faire le sacrifice, il faudrait encore qu'il maintînt sa fabrique en activité, afin de conserver ses relations, s'il entrevoyait un terme prochain à la souffrance de son industrie. C'est seulement dans le cas où ce terme paraîtrait fort éloigné, et encore dans celui où le capital circulant se trouverait gravement compromis, que la sagesse conseillerait de fermer les ateliers, au risque de déposer son bilan, si l'on avait des dettes et qu'on ne pût s'arranger avec ses créanciers.

Il est donc malheureusement des circonstances où il convient de vendre à perte. Mais avant de s'y résoudre, il faut examiner, pour peu qu'on ait encore du crédit, s'il ne serait pas moins préjudiciable, moins dangereux de recourir à un emprunt. Pouvez-vous, par exemple, raisonnablement espérer qu'un délai de 6 mois améliorera vos affaires et qu'au bout de ce délai il vous sera possible de rembouser? Vous éprouverez évidemment moins de perte, en empruntant, fût-ce même à 30 pour cent par an, qu'en vendant à 20 pour cent au-dessous du juste prix : bien que l'économie paraisse, à la première vue, n'être que de 5 pour cent, elle sera de 8 en réalité (*).

Vente à bas prix. Une dernière question nous reste à résoudre : Le fabricant doit-il vendre à bas prix, plutôt que de chercher à faire sur chaque produit tout le bénéfice qui lui revient légitimement ?

Vous avez déjà reconnu plusieurs fois qu'on augmente considérablement la consommation, lorsqu'on diminue les prix d'une manière sensible. Il a même été dit (T. II, p. 96) que l'accroissement de la consommation est au moins quadruple de la réduction du prix. De là résulte qu'il y a souvent moyen de réduire le bénéfice à faire sur chaque produit et d'augmenter en même temps le bénéfice total. Si, par exemple, le bénéfice légitime est $\frac{1}{5}$ du prix, le fabricant pourra le réduire de $\frac{1}{15}$ du même prix, sans altérer son revenu. En effet, le nouveau bénéfice sera seulement $\frac{1}{5}$ moins $\frac{1}{15}$ ou $\frac{1}{5}$ du juste

---

(*) Nommons p le juste prix des produits. Réduit de 20 pour cent, il donnerait seulement une somme $p - 0,2p$. Si l'on emprunte cette somme à 30 pour cent et qu'on la rende au bout de 6 mois, il faudra payer en sus $0,15(p - 0,2p)$. Mais on aura vendu les marchandises à leur juste prix p ; on possédera donc $p - 0,15(p - 0,2p) = p - 0,12p$, somme qui dépasse de $0,08p$ la première $p - 0,2p$.

prix; mais au lieu de vendre un seul produit, on en vendra 1 et $\frac{4}{12}$ ou $\frac{1}{3}$, puisque la consommation croîtra de $\frac{4}{12}$ ou $\frac{1}{3}$; et le bénéfice $\frac{1}{4}$ fait sur $\frac{1}{3}$ de produit, ou répété $\frac{4}{3}$ de fois, donnera précisément $\frac{1}{3}$ du juste prix. Ainsi, dans le cas dont il s'agit, le profit total resterait absolument le même. Il suffit donc, pour qu'il se trouve accru, que la consommation augmente un peu plus qu'on ne l'a supposé. Que son accroissement soit seulement de $\frac{9}{12}$, ce qui est loin d'être exagéré, et le bénéfice total sera $\frac{1}{4}$ multiplié par 1, plus $\frac{9}{12}$ ou par $\frac{21}{12}$; c'est-à-dire que le fabricant gagnera $\frac{21}{48}$ au lieu de $\frac{1}{3}$. Or, $\frac{21}{48}$ surpassent $\frac{1}{3}$ de $\frac{5}{48}$, et si le juste prix d'une vente était de 1200^f, par exemple, il y aurait un surcroît de bénéfice de 125^f.

Calcul de la réduction du prix. Vous voyez donc qu'il peut être très-avantageux de vendre à bas prix. Mais la réduction doit ne pas être faite au hasard; au lieu d'une augmentation de profit, on pourrait bien éprouver une diminution. Vous supposerez que l'accroissement de la consommation soit quadruple de la réduction de prix, et vous chercherez quelle devrait être la réduction, pour que dans cette hypothèse, le bénéfice total restât le même; il croîtra très-probablement si vous opérez la réduction ainsi déterminée, puisque le nombre des produits vendus augmente presque toujours d'une quantité plus grande que la supposée.

Quant au calcul à faire, il est très-simple :

Retranchez de 4 le dénominateur de l'unité dans la fraction qui exprime le bénéfice légitime, et divisez la différence de ces deux nombres par leur produit; le quotient sera la réduction que vous pourrez opérer sur le juste prix, avec grande probabilité d'accroître votre bénéfice total. C'est ainsi que j'ai déterminé la réduction $\frac{1}{13}$ de l'exemple précédent : le bénéfice légitime était supposé $\frac{1}{3}$ du prix; le dénominateur 3 a été retranché de 4, rapport du surcroît de consommation à la réduction, et la différence 1, divisée par le produit de 3 fois 4, a donné $\frac{1}{13}$. Si au lieu de $\frac{1}{3}$, le bénéfice légitime eût été $\frac{2}{5}$, par exemple, je l'aurais changé en $\frac{1}{\frac{5}{2}}$, et c'est $\frac{5}{2}$ qu'il eût fallu retrancher de 4 (*).

(*) Soit $\frac{1}{n}$ le bénéfice légitime pour un seul produit, et $\frac{1}{x}$ la réduction à opérer sur le juste prix. Le bénéfice restant sera

$$\frac{1}{n} - \frac{1}{x} = \frac{x-n}{nx};$$

la consommation augmentera de $\frac{4}{x}$, et l'on vendra $1 + \frac{4}{x}$ produits ou $\frac{x+4}{x}$ produits, au lieu d'un seul. Il faudra donc, pour que le bénéfice total reste le

Cette manière de calculer la réduction prouve qu'elle ne peut pas toujours avoir lieu, sans diminuer le bénéfice total : vous ne pouvez vendre au-dessous du juste prix, que dans le cas où 4 est supérieur au dénominateur qui doit en être retranché, c'est-à-dire lorsque le bénéfice légitime est un peu fort, à moins pourtant que le cas contraire cause seulement une légère diminution sur le bénéfice total. Si, par exemple, le bénéfice légitime était de $\frac{1}{5}$, vous trouveriez que la réduction serait $\frac{1}{20}$, en retranchant 4 de 5, au lieu de retrancher 5 de 4; vous auriez $\frac{5}{20}$ pour le nouveau bénéfice à faire sur chaque produit, 1 plus $\frac{4}{20}$ ou $\frac{6}{5}$ pour le nombre des produits vendus à bas prix, et $\frac{9}{50}$ pour le bénéfice total, au lieu de $\frac{1}{5}$ ou de $\frac{10}{50}$. La différence ne serait donc que de $\frac{1}{50}$, et très-probablement elle se trouverait couverte,

---

même, que

$$\frac{x-n}{nx} \times \frac{x+4}{x} = \frac{1}{n}.$$

Cette équation donne

$$x = \frac{4n}{4-n},$$

et celle-ci montre que la réduction $\frac{1}{x} = \frac{4-n}{4n}$. Par conséquent, il n'est possible de réduire le juste prix, sans diminuer le bénéfice total, que dans le cas où n est moindre que 4.

pour le moins, par ce dont l'accroissement de consommation surpasserait $\frac{4}{19}$.

Une foule de faits prouvent, à l'appui de cette théorie, qu'effectivement les petits profits souvent répétés ont créé de très-grandes fortunes. Je n'en citerai qu'un seul, mais il est fort remarquable : c'est M. J. B. Say qui le rapporte ; il concerne David Ricardo. Ce célèbre économiste anglais s'est occupé d'affaires commerciales, avant de se vouer à la science. Pendant cette espèce d'étude préparatoire de la pratique, il appliquait rigoureusement quelques-uns des principes qu'il devait si bien démontrer un jour, et notamment, il s'était fait la loi de ne jamais élever son bénéfice au-dessus de $\frac{1}{8}$ pour cent. Hé bien ! ce faible taux lui a valu plusieurs millions en peu d'années, tant sa modération lui attirait d'affaires. A la vérité, il y joignait une grande activité, beaucoup d'intelligence, et surtout infiniment d'ordre.

Ainsi, l'Economie industrielle donne une grande leçon aux gens avides : elle leur montre que leur rapacité n'est pas le plus sûr moyen d'amasser rapidement ces monceaux d'or qui leur inspirent un désir fébrile. Direz-vous qu'il n'y a pas moins d'avidité dans ceux qui se contentent d'un petit bénéfice sur chaque vente; qu'elle est seulement plus éclairée, plus adroite? Alléguerez-vous, pour preuve, qu'avec leur prétendue modération, ils dépassent de beaucoup le bénéfice légitime, et s'enrichissent par

conséquent aux dépens des consommateurs? —
Je vous ferai observer que leur avidité, s'ils en
ont, bien loin d'être nuisible comme celle des
autres, est extrêmement utile à la société; que
bien loin d'appauvrir le consommateur, elle
l'enrichit, en diminuant les dépenses pour certaines choses; que leur modération est réelle,
puisqu'ils changent un profit certain contre un
profit incertain, puisqu'ils s'exposent à des chances qu'ils pourraient éviter; et enfin que l'excès
de leur gain probable sur le bénéfice légitime,
est une prime qui leur est due comme com-
pensation d'une perte possible.

Concurrence. Un cas existe où il faut vendre
à bas prix, sans espoir d'être dédommagé par
le nombre des affaires, et uniquement pour
réaliser une partie des profits auxquels on a droit,
pour ne pas perdre tout-à-fait une industrie
qu'on exerce depuis long-temps, que l'on connaît bien et qui tient engagée une forte portion
de la fortune. Ce cas est celui où se trouve le
petit fabricant, lorsqu'un homme très-riche entre
en concurrence avec lui. Ce rival possédant de
puissantes machines et tous les autres moyens
d'économiser le temps et la main-d'œuvre,
produit à moins de frais et peut vendre à meilleur marché, sans altérer son bénéfice légitime.
Il vous enlèvera donc tous vos débouchés, si
vous tenez obstinément à vos profits accoutu-
més. Vous pourrez au contraire, soutenir la
lutte et même prospérer, si vous savez faire sur-

le-champ les sacrifices nécessaires. Votre avoir n'augmentera pas rapidement, mais l'ordre et l'économie rendront son accroissement continu et progressif; il est même possible qu'un jour vous vous trouviez aussi riche que votre concurrent qui, se fiant sur ses grands capitaux, soignera moins ses affaires et n'aura pas autant d'affabilité pour les acheteurs. Ce seront surtout les petits marchands qui éprouveront ses dédains; vous les attirerez donc aisément, par une conduite contraire, et leur affluence pourra, malgré la réduction de votre bénéfice, vous procurer assez promptement une honnête fortune.

De tout temps on a vu de grands et de petits fabricans en concurrence, et assez souvent les petits se sont élevés, tandis que les grands sont descendus. Pourquoi résisterais-je au plaisir de vous citer, d'après M. Ch. Dupin, l'exemple du célèbre Ternaux? Avec 73 francs pour tout capital matériel, il osa lutter d'industrie contre de redoutables adversaires, et ce très-petit fabricant parvint, en assez peu d'années, à posséder de grandes richesses. Ruiné par les troubles de notre première révolution, il eût le courage d'entrer de nouveau dans la lice, presque aussi léger d'argent que la première fois, et en dépit de concurrens qui semblaient devoir l'accabler, il sut reconstituer sa fortune, il sut s'élever au rang des plus fameux fabricans du monde entier. Un tel fait suffit bien pour vous convaincre qu'une petite industrie n'en redoute point une grande, quand elle est dirigée selon les vrais principes.

Il est au reste, comme vous savez, un moyen de vendre en gros à bas prix, sans rien sacrifier du bénéfice légitime : c'est de prendre part à la vente en détail. Faites-vous donc fabricant-détaillant, si la nature de vos produits et les localités vous le permettent ; alors ce sera peut-être vous qui imposerez le cours à vos riches concurrens. Je dis peut-être, parce qu'il y a des entrepreneurs d'industrie qui calculant fort mal, vendent à perte pour faire tomber leurs rivaux, sans songer qu'après ceux-là, d'autres surviendront ; on ne saurait lutter contre de tels insensés, qu'en se ruinant comme eux, et plus vite encore : il faut y renoncer.

Résumé.

Il vaut mieux en général accroître les frais de garde, que de vendre à crédit.

Un petit profit certain est préférable à un gros profit aventuré.

Quand on ne peut éviter les ventes à crédit, il faut éviter les longs termes.

On doit ne faire crédit qu'aux gens qui ont de l'habileté, de bonne mœurs et de la probité.

Il convient que l'époque d'une recette future précède de quelques jours celle d'un paiement à faire.

Il est imprudent de vendre à livrer, lorsqu'on

ne possède pas les matières premières ; dans tous les cas, c'est s'exposer à payer un dédommagement.

Il est avantageux au contraire de vendre au comptant, aussitôt après la production, et de livrer sur-le-champ.

Un fabricant sage supporte les ventes à perte, s'il entrevoit un terme prochain à la souffrance de son industrie.

Cependant, il ferme ses ateliers, lorsque le capital circulant est menacé d'une forte diminution.

Celui qui possède encore quelque crédit doit, avant de vendre à perte, examiner s'il ne lui serait pas plus avantageux d'emprunter, même à un intérêt élevé.

Il y a souvent moyen de réduire le bénéfice à faire sur chaque produit et d'augmenter en même temps le bénéfice total.

La réduction du prix se calcule dans l'hypothèse que l'accroissement de consommation en soit le quadruple.

Les petits profits souvent répétés créent rapidement de très-grandes fortunes.

Ceux qui vendent à bas prix ont droit à une prime pour les pertes possibles; il est donc juste que leur bénéfice total dépasse le légitime.

La concurrence entre un petit et un grand fabricant, force le premier de vendre à bas prix.

Une petite industrie n'en redoute point une

grande, quand elle est dirigée selon les vrais principes.

Le moyen de soutenir la lutte avec avantage, c'est de joindre à la petite fabrique, un magasin de détail.

COMPTABILITÉ.

Nécessité d'une comptabilité. L'esprit d'ordre n'est pas moins nécessaire au fabricant, que la connaissance parfaite de son industrie; sans l'esprit d'ordre il n'y a pas de prospérité possible : on n'a jamais une idée juste de ses moyens; on se livre avec confiance à des entreprises que les ressources ne permettent point de mener à bonne fin; la ruine s'opère graduellement, rapidement, pendant qu'on se berce d'espérances chimériques, pendant qu'on rêve des coups de fortune; un jour arrive où la caisse épuisée et le crédit perdu forcent de fermer les ateliers, et l'on est tout surpris de se trouver en faillite, au moment même où l'imagination se peignait le plus brillant avenir.

L'esprit d'ordre consiste effectivement à être toujours en mesure de connaître l'état exact de la fabrique, aussitôt que cela est nécessaire. On y parvient en tenant des comptes réguliers où figurent les créances, les dettes, les recettes, les dépenses, et qui retracent d'un bout à l'autre chaque opération de commerce ou de production. Il est aisé de sentir que ces comptes doivent avoir pour base, un inventaire rigoureux de toutes les choses qu'on possède, évaluées en francs. Dresser cet inventaire, enregistrer journellement les augmentations et les diminutions qu'il éprouve, voilà au fond ce qui constitue la *comptabilité* du fabricant.

Ce n'est pas seulement pour se diriger dans ses spéculations, qu'il faut tenir une comptabilité; elle sert encore à fournir des preuves irrécusables, en cas de contestation avec un vendeur ou un acheteur. C'est même à cette fin que la loi en fait une obligation à tous les marchands, gros ou petits, et à tous les agens du commerce. Cependant, en ceci comme en tant d'autres choses, les hommes méconnaissent à tel point leur véritable intérêt, que peu de commerçans tiennent des comptes parfaitement réguliers et qu'un bon nombre n'en tiennent pas du tout. On dirait que l'ordre est pénible à l'esprit, qu'un soin journalier est à charge, et que la paresse recule devant quelques lignes d'écriture.

Registres indispensables. Deux registres suffisent pour tenir une comptabilité : l'un se nomme *livre d'inventaire* ; l'autre, *livre-journal* ou simplement *journal*. Sur le premier, doivent être inscrits, à la fin de chaque année, l'*actif* et le *passif*. L'actif comprend toutes les valeurs possédées : propriétés foncières, bâtimens, machines, outils, matières-premières, produits, mobilier, numéraire, créances. Le passif se compose des dettes. Sur le journal, doit être rendu un compte détaillé de chaque affaire, tout aussitôt qu'elle est terminée. Ce livre est une sorte de procès-verbal des opérations journalières du fabricant. On y écrit aussi, à la fin de chaque semaine, la somme dépensée pour le ménage.

La loi prescrit en outre un registre de copies de lettres et la réunion en liasses de toutes celles qui ont été reçues pour affaires commerciales, afin d'augmenter les preuves d'une commande, d'un marché, d'une expédition.

Tenue légale des registres. Les livres ne font point foi en justice, s'ils ne sont tenus dans les formes légales. Il faut d'abord que les dates se suivent, pour montrer que les écritures ont *été passées* sans retard. On doit ne laisser ni blancs, ni lacunes qui pourraient permettre d'ajouter des clauses propres à changer les résultats d'une opération. Pour la même raison, il est défendu de rien écrire en marge. Si une erreur est commise sur le journal, on la signale à la date du jour où elle est reconnue, et la cause en est indiquée, toutes les fois que cela se peut.

Le journal et le livre d'inventaire doivent être timbrés à chaque feuillet, sous peine d'une amende de 5o^f. Il en coûte 5 centimes par feuillet, petit ou moyen, et 10 centimes si le papier est d'un grand format. Altérer les timbres ou les couvrir d'écriture fait encourir une amende de 5 francs.

Il est de rigueur encore que chaque feuille soit numérotée en toutes lettres et paraphée, par un juge du tribunal de commerce ou par le maire ou par un des adjoints. Le fonctionnaire qui cote un registre, en mentionne la destination à la première et à la dernière page, puis certifie avoir visé et paraphé. Un pareil visa doit être apposé chaque année, au bas du dernier article. Ces formalités ne coûtent rien, si ce n'est le droit fixe d'un franc pour enregistrement du premier certificat.

Aucune des dispositions de la loi sur la tenue des livres de commerce, n'est à éluder. Ceux qui dédaignent de s'y conformer minutieusement ne savent guère à quoi ils s'exposent.

Lorsqu'un registre est tenu irrégulièrement, hors des formes légales, il fait bien preuve contre son propriétaire, mais non contre la partie adverse. En cas de faillite, on peut être déclaré banqueroutier et condamné à la prison. Il est même enjoint aux percepteurs des contributions, de ne délivrer de patentes que sur la présentation de livres conformes à la loi.

Livres auxiliaires. Les fabricans qui veulent mettre beaucoup d'ordre dans leurs affaires, ne se bornent pas aux trois registres indispensables; ils tiennent encore plusieurs *livres auxiliaires* au moyen desquels ils peuvent connaître l'état de leur caisse, celui de leur porte-feuille, celui de leurs magasins et leur situation à l'égard de leurs divers correspondans. Ils les désignent par les noms suivans : *livre de caisse, carnet, compte des matières, compte des produits confectionnés, comptes-courans.*

Le livre de caisse présente par ordre de date et sur deux colonnes, les recettes et les dépenses faites en numéraire. Chaque soir on retranche du total des premières, celui des dernières, pour voir, par la comparaison de la différence et du restant en caisse, s'il ne s'est commis aucune erreur dans les écritures ou si quelque somme n'a pas été dérobée.

Le carnet est destiné à l'inscription des effets à recevoir et de ceux qu'on a souscrits, avec indication des échéances. Il faut le consulter souvent, si l'on ne veut pas s'exposer, soit à laisser passer l'époque où un billet doit être présenté au premier souscripteur, soit à se trouver au dépourvu, quand vient le moment de faire honneur à sa signature.

Le compte des matières fait connaître, dans une première colonne, combien il en est *entré* en magasin, et dans une deuxième colonne, combien il en est *sorti*. On dispose de la même manière le compte des produits confectionnés.

Le livre des comptes-courans contient le compte particulier de chaque correspondant. Ce qu'il a reçu en produits, numéraire ou billets, est une dette envers le fabricant : on l'inscrit sous le titre *doit* ; ce qu'il a versé est une créance sur le fabricant et reste sa propriété jusqu'à réglement de compte : on l'inscrit sous le titre *avoir*.

Les livres auxiliaires se réduisent souvent au carnet et au *grand-livre*. Dans ce dernier,

sous la forme de comptes-courans, sont réunis
les comptes des matières, des produits, du
capital, du ménage, etc., à ceux des correspondans. Le compte de la caisse est alors accolé
au journal, et ce registre contient quatre colonnes au lieu de deux.

La chose pour laquelle on ouvre un compte-
courant, est personnifiée ; on lui suppose des
créances et des dettes : ses créances ou son *avoir*,
c'est ce qu'elle a livré, ce dont elle s'est dessaisie,
pour le donner au titulaire d'un autre compte ;
ses dettes, ce qu'elle *doit*, c'est ce qu'elle a
reçu de divers individus réels ou fictifs. Il s'en
suit que le fabricant connaît ce qui lui reste
sur chaque compte, soit d'un correspondant,
soit d'une chose, en retranchant l'avoir du doit,
et qu'il détermine ses dettes en retranchant au
contraire le doit de l'avoir.

Tenue des comptes. Il y a deux manières
usitées de tenir les comptes. Ils sont *simples*
ou, selon l'expression ordinaire, ils sont *en
parties simples*, quand on se borne à l'usage
du journal et même quand on joint à ce livre
les comptes-courans des correspondans. Les
registres d'entrée et de sortie pour les magasins
et pour la caisse, ne changent rien non plus
au mode de comptabilité. Mais, si au lieu de
ces registres, on ouvre des comptes-courans
pour les matières, les produits, etc., et qu'on y
mentionne, à chaque article, le créancier et le
débiteur, les comptes sont *doubles* ou *en parties doubles*.

Supposons que le fabricant Bouloy ait acheté 16 000^k de fer au maître de forges Perrault, de St-Etienne, que la facture se monte à 1 920^f et qu'elle ait été soldée par un effet de 1 500^f et une somme de 420^f en espèces. Bouloy décrira cette opération sur son journal, comme il suit :

14 janvier 1832, fabrique doit à Perrault, de St-Etienne, sa vente à 6 mois de 16 000^k de fer en barres, suivant facture n° 37, 1920^f.

Perrault doit aux *effets à payer*, mon billet

DOIT.   M. PERRAULT

1832. janv.			
14	Aux effets à payer.	Mon billet n° 38 sur Paris, au 15 juillet 1832. . . .	1 500^f
14	A caisse.	Mon paiement en espèces pour solde	420

Or, il est clair que Bouloy contrôlerait ce compte, s'il en ouvrait un autre en son nom où sa dette et son avoir seraient respectivement

DOIT.   BOULOY

1832. janv.			
14	A Perrault, de St-Etienne.	Sa facture n° 37, de 16 000^k fer en barres, à 0^f,12. .	1 920^f

n° 38 , sur Paris , au 15 juillet prochain , 1500^f.

Perrault doit à caisse , mon paiement en espèces , pour solde , 420^f.

Remarquez qu'on appose sur les factures , les billets et généralement sur toutes les pièces à l'appui des comptes , des numéros d'ordre qui servent à les distinguer , à les ranger et à les retrouver facilement.

Le compte-courant du maître de forges , s'établira ensuite , de la manière suivante :

DE St-ETIENNE.   **AVOIR.**

1832. janv. 14	Par matières premières.	Sa facture n° 37, de 16000^k fer en barres, à 0^f,12. .	1,920^f

l'avoir et la dette de Perrault ; s'il écrivait , par exemple , sur son grand-livre et d'après son journal :

DE LYON.   **AVOIR.**

| 1832. janv. 14 | Par Perrault de St-Etienne. | Mon effet n° 38, sur Paris, au 15 juillet 1832. . . . . | 1500^f |
| 14 | id. | Mon paiement en espèces pour solde . . . . | 420 |

L'affaire conclue avec Perrault figurerait deux fois, serait passée en compte double, et comme les deux articles devraient être d'accord, on serait averti des erreurs faites en copiant le journal, dans tous les cas où elles ne se compenseraient pas, c'est-à-dire presque toujours.

C'est donc un excellent moyen de mettre toute l'exactitude possible dans les comptes, que de les tenir doubles. Mais, pour suppléer en même temps aux registres d'entrée et de sortie, il faut que le double d'un compte-courant soit

DOIVENT.   MATIÈRE

1832. janv. 14	A Perrault, de St-Etienne.	Sa facture n° 37, de 16000^k fer en barres à 0^f,12. . .	1920^f

DOIVENT.   EFFE

1832. juillet 15	A caisse.	Paiement en espèces de mon effet n° 38 (*).	1500^f

(*) Cet article suppose que la caisse ait fait honneur au billet, le 15 juillet.

établi par parties et non en un seul article, comme ci-dessus. A son propre nom, le fabricant doit substituer plusieurs choses personnifiées, plusieurs correspondans fictifs. Il porte, par exemple, son *débit* à l'égard de Perrault, ou l'avoir de ce dernier, au débit des matières premières; il inscrit son effet sur Paris, à l'avoir des *effets à payer*; enfin le paiement en espèces figure à l'avoir de la caisse, elle en est *créditée*.

Voici les écritures qui en résultent.

PREMIÈRES.   **AVOIR.**

1832. février 12	Par fabriq.	400 kil. de fer en barres à 0^f,12 (*)	48^f

A PAYER.   **AVOIR.**

1832. janv. 14	Par Perrault de St-Etienne.	Mon effet n° 38, sur Paris au 15 juillet 1832. . . .	1500^f

(*) Cet article suppose qu'on ait tiré du magasin, le 12 février, 400^k de fer, pour la fabrication courante.

DOIT.   CAISS

Passons maintenant aux écritures que nécessite une vente de produits faite par le fabricant
Bouloy. S'il a livré pour 3 000ᶠ de quincaillerie
à Martin de Paris, et s'il a reçu en paiement un
effet de 2 000ᶠ, souscrit par Moreau, à 3 mois
sur Marseille, plus une somme de 1 000ᶠ en espèces, il écrira au journal :

5 mars, Martin de Paris doit à produits,

DOIT.   MARTI

1832. mars			
5	A produits.	Ma facture de quincaillerie, nº 39	3 000ᶠ

DOIVENT.   EFFETS

1832. mars			
5	A Martin, de Paris.	Billet Moreau, nº 40, à 3 mois, sur Marseille. . . .	2 000ᶠ

AVOIR.

1832.			
janv.			
14	Par Perrault de St-Etienne.	Mon paiement en espèces pour solde	420ᶠ
juillet			
15	Par effets à payer.	Paiement en espèces de mon effet n° 38.	1 500

ma facture de quincaillerie, n° 39, 3 000ᶠ.

Id. *Effets à recevoir* doivent à Martin de Paris, son billet Moreau, à 5 mois, sur Marseille, 2 000ᶠ.

Id. Caisse doit à Martin de Paris, son paiement en espèces, pour solde, 1 000ᶠ.

Les comptes courans seront établis ensuite, comme il suit :

DE PARIS.   **AVOIR.**

1832.			
mars			
5	Par effets à recevoir.	Effet Moreau n° 40, à 3 mois sur Marseille	2 000ᶠ
5	Par caisse.	Son paiement en espèces pour solde	1 000

RECEVOIR.   **AVOIR.**

1832.			
juin			
5	Par caisse.	Paiement en espèces du billet Moreau n° 40 (*). . .	2 000ᶠ

(*) Cet article suppose que le billet ait été encaissé le 5 juin.

DOIT.

1832. mars 5 juin 5	A Martin, de Paris. A effets à recevoir.	Son paiement en espèces pour solde . . . . Paiement en espèces du billet Moreau n° 40 . . .	1 000ᶠ 2 000

DOIVENT.   PRO

1832. janv. 20 fév. 20	A fabrique. A fabrique.	Quincaillerie, prix revenant Quincaill., prix revenant (*)	1 380ᶠ 1 400

Balance des comptes. Les comptes-courans ainsi établis doivent finir par se balancer; c'est-à-dire, que l'avoir doit arriver à égaler le dû, ou que le total du crédit doit s'élever à celui du débit. L'égalité a déjà lieu pour les comptes de Perrault, des effets à payer, de Martin, des effets à recevoir. Elle existerait dans celui des matières premières, si l'on ajoutait à ce qu'elles ont fourni à la fabrique, ce qui reste en magasin; ce compte se balancera même avec évidence,

---

(*) Ces articles supposent que la fabrique ait versé dans le magasin aux produits, deux quantités de marchandises qui reviennent ensemble à 2 780 fr. au fabricant.

CAISSE. **AVOIR**

DUITS. **AVOIR.**

1832. mars 5	Par Martin, de Paris.	Ma facture n° 39, quincail- lerie	3 000^f

quand les 16 000^k de fer auront été employés pour la fabrication. Le compte de la caisse se balance rarement de lui-même, parce qu'il faudrait qu'elle fût entièrement vide, pour que ce qui en est sorti égalât ce qu'on y a versé ; mais on opère toujours la balance, en ajoutant au crédit le restant en caisse : si par exemple vous ajoutez aux 1 920^f payés à Perrault en deux fois, la somme 1 080^f que possède encore la caisse, vous reproduisez les 3 000^f provenant de l'affaire Martin ; ce qui reste de numéraire doit en effet égaler l'excès des entrées sur les sorties.

Quant au compte des produits, il ne pourrait se balancer qu'autant qu'il y aurait égalité entre le prix revenant ou le prix de fabrication et le

12*

prix de vente. Tant qu'il y a bénéfice, le crédit l'emporte sur le débit, et au contraire s'il y a perte, le débit surpasse le crédit. Pour lever cette difficulté, on ouvre un compte des *profits*, qu'on regarde comme créanciers des produits

DOIVENT. PRO

1832. janv.			
20	A fabrique.	Quincaillerie, prix revenant	1 380^f
fév. 20	A fabrique.	Quincaillerie. . . *idem* . .	1 400
mars 5	A profits.	Bénéfice sur Martin	220

On écrit ensuite :

DOIVENT. PRO

Supposons maintenant qu'un assortiment de limes revienne à 650^f au fabricant, et ne soit

DOIVENT. PRO

1832. fév.			
30	A fabrique.	Assortiment de limes, prix revenant.	650^f

relativement au bénéfice et comme débiteurs relativement à la perte. Le compte des produits
de l'exemple précédent s'établit alors ainsi qu'il
suit, et se balance de lui-même.

DUITS.   AVOIR.

1832. mars 5	Par Martin, de Paris.	Ma facture n° 39, quin- caillerie	3.000ᶠ

FITS.   AVOIR.

1832. mars. 5	Par produit	Bénéfice sur Martin	220ᶠ

vendu que 600ᶠ à Richer de Sᵗ-Quentin. Il
faudra écrire au compte des produits.

DUITS.   AVOIR.

1832. avril. 22	Par Richer de Sᵗ-Quentin.	Ma facture n° 42, lines. . .	600ᶠ
	Par profits.	Perte sur Richer	50

Le compte des profits deviendra alors le

DOIVENT.

PRO

1832. avril.			
12	À produits.	Perte sur Richer.	5o'

Si à la fin de l'année ce compte ne se balance pas de lui-même et que l'avoir ou le bénéfice surpasse le dû ou la perte, on le débite de l'excédant en faveur du capital et l'on écrit la même somme à l'avoir de ce capital. Les capitaux s'accroissent effectivement de tous les bénéfices. Dans le cas où le débit des profits présenterait un total supérieur à celui du crédit, on créditerait ces profits de la différence, au préjudice du capital, et la même somme serait portée au débit de ce capital, puisque l'effet des pertes est de causer une diminution dans la fortune. Quant à la différence des deux colonnes du compte du capital, elle doit égaler le total du nouvel inventaire.

Le compte des profits est ordinairement appelé *compte de profits et pertes*; mais vous reconnaîtrez aisément que cette désignation est défectueuse: les mots profits et pertes impliquent contradiction; l'avoir des profits serait précisément le dû des pertes et réciproquement; de sorte que le même compte ne saurait convenir aux deux choses. Une seule suffit, et comme ce sont des profits que recherche le fabricant et le

suivant :

TS.	AVOIR.

1832. mars.			
5	Par produi*	Bénéfice sur Martin. . . .	220

commerçant, ce sont les profits qui doivent figurer.

Renvois des livres. On a souvent besoin de comparer le grand-livre au journal et réciproquement, soit pour s'assurer que les écritures ont *été* bien *passées*, bien faites, soit pour redresser une erreur que les comptes doubles ont mise en évidence. Afin de rendre l'opération facile et prompte, on met un numéro d'ordre à chaque article du journal, et ce numéro est répété à l'article correspondant du grand-livre. En outre, la page de ce dernier registre est indiquée devant l'article du premier qu'elle contient ; on se sert pour cela du signe des fractions : si l'article est inscrit du côté du débit, le numéro de la page est placé au-dessus de la barre, comme un numérateur ; si l'article est inscrit au côté du crédit, le numéro de la page est mis au-dessous de la barre, comme un dénominateur. Quand il arrive qu'un article du journal figure à la fois au débit d'un compte et au crédit d'un autre, on met vis-à-vis deux numéros séparés par une barre ; ces numéros peuvent être égaux, car, dans le grand-livre, les deux pages qui se regardent sont marquées des mêmes chiffres.

Modèle de journal. Ce qui vient d'être exposé sur la comptabilité suffit bien pour mettre le jeune fabricant en état de tenir celle de son entreprise. Néanmoins, je crois devoir placer

JOUR

RENVOIS au Grand-Livre.	NUMÉROS D'ORDRE.	DATES.	DÉBITEURS.	CRÉANCIERS.
1/1	1 2 3	1 » »	Caisse. Fabrique. Dt.	A capital. A dito (*). A Caisse.
	4	»	Dt.	A Dt.
1/1	5 6	» 7	Dt. Dt.	A Jacob de Nancy. A caisse.
2/1 2/1 3/1 1/3 2/3 1/3	7 8 9 10 11 12 13	» » » » 9 » »	Ménage. Durand de Metz. Nicolas de Metz. Fabrique. Caisse. Dt. Dt.	A Dt. A fabrique. A Dt. A Mesnire de Longuyon. A Durand de Metz. A Nicolas de Metz. A fabrique.
2/1 4/1 4/4	14 15 16 17	14 » » 17	Fabrique. Ménage. Gosnet de Metz. Effets à recevoir.	A caisse. A Dt. A fabrique. A Gosnet de Metz.
2/4	18	»	Jacob de Nancy.	A effets à recevoir.

(*) *Dito signifie susdit.* On écrit *dito* ou en abrégé D', pour ne pas répéter le mot qui précède.

sous ses yeux un modèle de journal qui levera toute difficulté. Ce modèle mérite d'ailleurs d'être imité, en ce qu'il est établi de manière à permettre de connaître journellement la situation des affaires (*).

JAL.

MOIS DE SEPTEMBRE 1832.	COMPTE DE FABRIQUE.		COMPTE DE CAISSE.	
	Doit.	Avoir.	Doit.	Avoir.
	f	f	f	f
Espèces en caisse, ce jour.			500,00	
Montant de l'inventaire de mon matériel.	600,00			
Achat comptant à M. Imbert de Metz, 2000 kil. fer en barres, à of,34.	68,00			68,00
Achat comptant à M. Luc de Faulquemont, 1000 kil. charbon, à of,028.	28,00			28,00
Sa vente à 6 mois de 500 kil. tôle, à of,80.	400,00			
Première semaine de l'ouvrier Justin, à 11,50.	10,50			10,50
Dépense de la semaine.				18,00
Mémoire d'ouvrage n° 1, remis ce jour.		150,00		
Id. n° 2, id.		75,00		
Facture de diverses fournitures.	25,50			
Paiement du mémoire n° 1.			150,00	
Id. n° 2.			75,00	
De madame Marchal, pour réparations à sa maison.		12,50	12,50	
Deuxième semaine de l'ouvrier Justin.	10,50			10,50
Dépense de cette deuxième semaine.				18,00
Mémoire d'ouvrage n° 3, remis ce jour.		250,00		
Son billet à 3 mois, pour solde du mémoire n° 3.			250,00	250,00
Son billet Guenot n° 17 à trois mois.			250,00	250,00

(*) Je dois ce modèle à l'obligeance de M. Pélicier, commissionnaire à Metz, dont l'aptitude commerciale et la solide instruction sont bien connues.

Les numéros des mémoires renvoient au registre où se trouvent détaillés l'ouvrage fait et les objets fournis. Les numéros mis sur les effets sont les numéros d'ordre des articles du journal où ces effets sont mentionnés pour la première fois. Il en est de même pour les numéros des factures et de toutes les pièces à l'appui des comptes, dont on fait une liasse au bout de chaque mois.

Il est aisé de voir que les affaires mentionnées dans ce journal, sont celles d'une petite fabrique, d'un atelier de serrurerie. Or, dans un tel cas, il serait minutieux et superflu de tenir des comptes de matières, de produits et de profits : le total des profits ou des pertes est mis en évidence, par la comparaison de l'inventaire fait à la fin de l'année, avec l'inventaire précédent, et cela suffit. Voilà pourquoi les articles 3, 4, 6, 13 et 14 n'ont pas de renvois au grand-livre. Les deux premiers étant relatifs à des affaires commencées et terminées le même jour, n'ont pas besoin de figurer dans les comptes-courans. Il en est de même du 6ᵉ et du 14ᵉ article : l'ouvrier a donné son travail à la fabrique, la caisse l'a soldé; tout est fini. Il en est de même aussi du 13ᵉ article, puisque l'ouvrage a été payé aussitôt après avoir été terminé; c'est comme si la fabrique eût travaillé directement pour la caisse.

Les dépenses de ménage, portées aux articles 7 et 15, comprennent non-seulement l'entretien de la famille, mais encore les ports de lettres et les autres menus frais.

A l'article 17, on a débité la caisse, parce que le montant des effets à recevoir doit y être versé, lors de l'échéance. Mais, comme le versement ne se fera en réalité que dans 3 mois, il faut en attendant créditer la caisse de pareille somme, pour ne pas être induit à la croire plus riche qu'elle n'est en effet.

A l'article 18, on a crédité la caisse, parce qu'elle est censée se dessaisir de l'effet à recevoir. Mais, puisqu'en réalité elle n'a point compté d'espèces, il a fallu la débiter de la même somme, pour n'être pas induit à la croire plus pauvre qu'elle n'est effectivement.

Ainsi, toutes les fois que le débiteur ou le créancier n'est ni la fabrique, ni la caisse, il faut inscrire la somme aux deux colonnes du compte de la dernière; car l'article n'est réellement porté au journal, que pour mémoire.

A l'aide d'un tel journal, vous pouvez connaître aisément, en additionnant les nombres du débit de la fabrique, la valeur totale de ce qu'elle a reçu. Le crédit du même compte vous apprend quelle somme ont produite vos ventes et vos fournitures. Le compte de la caisse, qui contrôle celui de la fabrique, vous donne la facilité de vérifier journellement l'exactitude de votre avoir en espèces. Les articles qui figurent seulement au débit de la fabrique, sont les dettes que vous avez à payer, et ceux qui se trouvent seulement au crédit du même compte, sont les créances que vous avez à faire rentrer.

Il faut ajouter qu'un journal dont tous les articles sont simples et distincts, comme ceux-ci, permet de *rapporter* très-aisément sur le grand-livre et de tenir les écritures toujours au courant, avantages que n'offre point la forme inutilement compliquée qu'on donne ordinairement au journal, d'après les doctes en tenue de livres : ce n'est souvent qu'au bout de quinze jours, qu'il est possible de passer en comptes, les articles d'un registre aussi savant, et l'opération n'est ni courte, ni facile. On dirait vraiment que messieurs les professeurs d'écritures commerciales ont cherché à en faire une science épineuse, tandis qu'au fond, il ne faut que du bon sens pour y devenir promptement habile.

Modèle de grand-livre. Pour rendre plus facile encore l'application de ce qui a été dit sur les comptes-courans, je vais vous donner un modèle de grand-livre, déduit du journal précédent. Quoique ce modèle convienne seulement aux entreprises où l'on n'ouvre point de comptes aux matières, aux produits, ni aux profits, il suffit néanmoins pour montrer comment, dans tous les cas, les articles du journal doivent être *rapportés* sur le grand-livre.

GRAND-LIVRE

ou

COMPTES - COURANS.

1

DOIT.   CAPI

DOIT.   M. JACOB,

1832						
7bre.	17	18	à effets à recevoir	ma remise, billet Gumot, nº 17.		250,00

1

TAL.   AVOIR.

1832					₣
9bre.	1	1	p. caisse	espèces en caisse ce jour. .	500,00
»	»	2	p. fabriq.	montant de l'inventaire de mon matériel.	900,00

DE NANCY.   AVOIR.

1832					₣
9bre.	1	5	p. fabriq.	sa facture nº 5, de 500ᵏ tôle, à 6 mois.	400,00

13*

2

DOIT. MÉ

1832					£
7bre.	7	7	à caisse	dépenses du 1er au 7. . .	18,00
»	14	15	à dito	dépenses du 8 au 14. . .	19,00

DOIT. M. DURAND

1832					£
7bre.	7	8	à fabriq.	mon mémoire n° 1. . . .	150,00

2

NAGE. AVOIR.

DE METZ. AVOIR.

1832						f
7bre.	9	11	p. caisse	son paiement pour solde.	.	150,00

3

DOIT.   **M. NICOLAS,**

1832					
7bre.	7	9	à fabriq.	mon mémoire d'ouvrage n° 2	75,00

DOIT.   **M. MACAIRE,**

3

DE METZ.   AVOIR.

1830					f
7bre.	10	12	p. caisse	son paiement pour solde.	75,00

DE LONGUION.   AVOIR.

1830					f
7bre.	7	10	p. fabrique	sa facture n° 10 de diverses fournitures	25,50

4

DOIT.   M. GUÉNOT, PLACE

1832					
7bre.	14	16	à fabriq.	mon mémoire n° 3. . . .	250,00

DOIVENT.   EFFETS

1832					
7bre.	17	17	à Guénot de Metz	son billet n° 17 payable dans Metz, à 3 mois. .	250,00

4

CHAMBRE, à METZ.   **AVOIR.**

1832 jan.	17	17	p. effets à recevoir	son billet n° 17 à 3 mois pour solde	f 250,00

RECEVOIR.   **AVOIR.**

1832 jan.	17	18	p. Jacob de Nancy	un ancien billet Gournat, n° 17	f 250,00

Vous voyez que la 1re colonne de chaque page est destinée à l'indication de l'année et du mois ; la 2° contient les quantièmes ; la 3°, les numéros d'ordre du journal ; la 4°, sur la page du débit, indique les créanciers ; la 4°, sur la page du crédit, indique les débiteurs : la lettre p qui s'y répète à chaque article, signifie *par* ; c'est comme s'il y avait *dû par fabrique, dû par caisse*

Vous pouvez maintenant comprendre fort aisément ce qui a été dit sur les renvois du journal au grand-livre. L'article 7 du journal, par exemple, est précédé de ce signe 2/, parce qu'il est inscrit au côté du débit, page 2 du grand-livre. L'article 10 est précédé de /3, parce qu'il est inscrit au côté du crédit, page 3. L'article 18 porte pour renvoi 1/4, parce qu'il figure au débit, page 1, et au crédit, page 4. Enfin, l'article 17 a pour renvoi 4/4, parce qu'il est à la fois au débit et au crédit de la feuille 4 du grand-livre.

Le compte-courant du ménage n'est ouvert que pour donner la facilité de voir sur-le-champ, et sans avoir besoin de faire un long relevé, combien il a été dépensé pour la maison, car ce compte ne se balance point, lorsque les profits ne figurent pas au grand-livre. Dans le cas contraire, on créditerait le ménage sur les profits, d'autant qu'il aurait dépensé ; puis on débiterait ces profits de la même somme, en faveur du ménage ; car il est visible que ce sont les bénéfices bruts qui doivent fournir à l'entretien de la famille.

Comptes-courans d'intérêts. Puisque le revenu
dont l'accumulation augmente la fortune ou
dont la dépense fait le bien-être, n'est autre
chose que le prix du service des capitaux matériels et immatériels, il faut ne jamais laisser
reposer ni les uns ni les autres. Le fabricant
doit donc travailler sans cesse et faire travailler
sans cesse son numéraire. Cependant, l'argent
en caisse ne peut pas toujours être employé
sur-le-champ dans l'entreprise; plusieurs mois
peuvent se passer, avant qu'on ne trouve l'occasion de le dépenser avantageusement. Le moyen
de n'en point perdre l'intérêt, en attendant cette
occasion, c'est de le confier à un banquier sûr,
en se réservant la faculté de le retirer en totalité
ou par parties, dès qu'on en aura besoin, et
même de dépasser le total des sommes versées.

Un pareil arrangement fait naître entre le
fabricant et le banquier, un *compte-courant
d'intérêts*, qui se règle ordinairement à la fin
de chaque année : l'un doit à l'autre, les sommes
qu'il en a reçues, plus les intérêts pour le temps
qui s'est écoulé depuis le jour du versement,
jusqu'au 31 décembre.

On pourrait, pour établir un tel compte,
calculer séparément l'intérêt de chaque somme,
puis la dette du fabricant, puis celle du banquier et enfin leur différence. Mais l'opération
ainsi conduite, nécessiterait souvent un grand
nombre de règles d'intérêt composées; elle de-
viendrait longue, fatigante et peu sûre. Aussi,

n'est-ce pas ainsi que procède le commerce : les comptes-courans d'intérêts s'y règlent par des moyens beaucoup plus simples. Le fabricant doit les connaître, pour être en état de vérifier le compte que son banquier lui présente à la fin de chaque année.

Deux méthodes sont usitées : l'une, qui emploie le nombre de jours écoulés depuis le versement d'une somme, jusqu'à la fin de l'année, peut être appelée *méthode des jours postérieurs* ; l'autre, qui se sert du nombre de jours écoulés depuis le commencement de l'année, jusqu'au versement, peut être nommée *méthode des jours antérieurs*.

Méthode des jours postérieurs. Supposons qu'au 31 décembre 1832, le banquier Duval se trouve devoir au fabricant Bergé, de Nancy, 6745^f,30. Duval écrit à l'avoir de Bergé, ce solde du dernier compte-courant et toutes les sommes qu'il reçoit du fabricant, pendant l'année 1833, soit en espèces, soit en billets. D'un autre côté, il le débite de toutes les sommes qu'il lui a comptées en espèces, en mandats, en *bons de caisse*, ou qu'il a payées à des tiers pour le compte de Bergé.

Les mandats sont des effets de commerce par lesquels on *mande* à un correspondant, de payer une certaine somme à un tiers. Ils servent à éviter le transport de l'argent, d'une ville dans une autre.

Le bon de caisse se donne pour faire toucher

à un tiers, une somme due au banquier dans la ville qu'il habite. Ils servent à éviter un transport de l'argent, d'une maison dans une autre.

Je dois maintenant mettre sous vos yeux un modèle des comptes-courans d'intérêts établis selon la méthode des jours postérieurs, afin de rendre le reste de l'explication plus facile à exposer et à comprendre.

DOIT.   M. BERGÉ, de Nancy. Son c/c d'intérê

DATES.		f. c.		FOLIO	NOMBRES
1833.					
Janvier.	10	3 000,00	Mon paiement en espèces	356	1 68
	27	400,00	Mon mandat sur Foulon, de Paris	339	135 6
Mai.	25	600,00	Mon bon de caisse sur Picard	221	132 6
Juin.	30	156,40	Paiement de son mandat à l'ordre de Collin	185	28 9
Octobre.	10	400,00	Son mandat à vue sur moi	83	33
			Balance des nombres		3 152 63
Décembre.	31	6 211,83	Balance pour solde à lui revenant ce jour.		
		10 768,23			3 550 9

La 3ᵉ colonne de la page du débit indique les sommes dues au banquier Duval. Vous voyez que le 10 janvier, il a compté 3 000ᶠ à Bergé; que le 27, il lui a fait payer 400ᶠ par Foulon, un de ses correspondans à Paris; que le 25 mai, il lui a fait toucher 600ᶠ chez Picard, de Nancy; que le 30 juin, il a remis à Collin 156ᶠ,40 dus par Bergé; qu'enfin le 10 octobre, il a fait honneur à un mandat de 400ᶠ donné par Bergé à un de ses créanciers.

La 3ᵉ colonne de l'avoir ou crédit énonce les sommes dues au fabricant. Le compte de 1831

à 5 p' %. l'an, chez Duval de ladite ville. **AVOIR.**

DATES		f. c.		JOURS	SOMMES.
1832.					
Décembre.	31	6 745,30	Solde du dernier compte-courant.	365	2 462 034
1833.					
Janvier.	31	3 000,00	Ses mandats sur Pitou de Paris—	335	1 005 000
Juillet.	25	173,96	Son versement en espèce———	160	27 833
Septembre.	21	550,00	Sa remise du billet Caron, paya-		56 100
			ble à Nancy———————	102	
Décembre.	31	298,97	Intérêts provenant du nombre		
			2 152 633 divisé par 7 200.		
		10 768,23			3 550 967

Crédité à nouveau de 6 211',83, valeur 31 décembre
1833, S. E. et O.

Nancy, le 6 janvier 1834.

DUVAL.

était soldé ou balancé par 6 745',30 en faveur
de Bergé, comme nous l'avons supposé. Le 31
janvier 1833, Bergé a fait compter 3 000' au
banquier, par son créancier Pitou de Paris. Le
25 juillet, il a porté au même 173',96. Enfin,
il a passé à l'ordre de Duval, un billet de 550'
que Caron devait acquitter le 21 septembre.

Les colonnes intitulées *jours*, apprennent le
nombre de jours écoulés depuis le versement
de chaque somme, jusqu'au 31 décembre inclu-
sivement. Il y a des almanachs qui, vis-à-vis de
chaque jour de l'année, marquent les distances

14*

au 31 janvier et au 31 décembre ; ils épargnent tout calcul, en donnant ainsi le temps de l'intérêt.

Les colonnes intitulées *nombres*, contiennent le produit entier de chaque somme par les jours correspondans. Le nombre 135600, par exemple, est le produit de la somme 400ᶠ par 339 jours. Si ce produit contenait des décimales, on les négligerait.

La *balance des nombres* est l'excès de la somme des *nombres* de l'avoir sur celle des *nombres* du débit : ajoutée à cette dernière, elle doit donner la première, ce qui fait une vérification.

Quand il arrive que la somme des *nombres* du débit surpasse celle du crédit, on écrit la différence sous la dernière.

Les intérêts dus par le banquier, au taux de 5 p. %., sont le quotient de la balance des *nombres* divisée par 7200. On les porte à l'avoir du fabricant.

Si la balance des *nombres* figurait au crédit, les intérêts seraient dus par Bergé, et on les porterait à son débit.

La *balance pour solde* est l'excès des sommes d'un côté sur celles de l'autre. On l'inscrit au *doit* ou à l'*avoir*, selon que le crédit surpasse le débit ou en est surpassé. Ajoutée alors au plus petit total de sommes, elle doit donner le plus grand, ce qui est une autre vérification.

C'est la balance pour solde qui fait connaître

combien l'une des parties redoit à l'autre, au 31 décembre. Si c'est le banquier qui est débiteur, il crédite le fabricant, en écrivant sur la page de l'avoir : *crédité à nouveau de telle somme, valeur* 31 *décembre* 1832, *S. E et O,* et en signant au-dessous. *Valeur* 31 *décembre* signifie que la somme due est devenue pour lui une valeur, le 31 décembre, et qu'il en paiera les intérêts à partir de cette époque. L'abréviation *S. E et O* veut dire *sauf erreurs et omissions* ; on se réserve par cette formule, de modifier le compte, si plus tard on le reconnaissait faux.

Lorsque c'est le fabricant qui se trouve débiteur, le banquier écrit sur la page de gauche : *Débité à nouveau de telle somme, valeur* 31 *décembre* 1832, *S. E et O,* puis il signe au-dessous.

Il ne s'agit plus, pour compléter l'explication, que de montrer comment la balance des nombres divisée par 7200, donne en effet les intérêts au taux de 5 p. %. Or, 400^f, par exemple, rapportent autant pendant 339 jours, que 339 fois 400^f, c'est-à-dire 135600^f, pendant un seul jour. Les nombres sont donc les sommes ramenées à l'unité de temps, au jour. Par conséquent, l'intérêt pendant un jour, du total des nombres d'un côté, est réellement le total des intérêts relatifs aux sommes de ce côté. Il faut donc, pour avoir les intérêts réellement dus, calculer l'intérêt produit en un jour, par le total des *nombres* du crédit, l'intérêt, pour le même temps, du total des *nombres* du débit, et retrancher le plus petit du plus grand; ou bien, ce qui revient évidemment au même, faire la différence, la balance des deux totaux de *nombres*, et en prendre l'intérêt pour un jour.

Mais, pour avoir l'intérêt d'une somme prêtée pendant un jour, il ne s'agit que de la multiplier par l'intérêt d'un franc pris pour le même temps. Reste donc à trouver ce dernier intérêt. Or, puisque 5^f est l'intérêt annuel de 100^f, 5^f divisé par 100, ou $\frac{1}{20}^f$ est l'intérêt de 1^f pendant 365 jours, et $\frac{1}{20}^f$ divisé par 365, ou $\frac{1}{7300}^f$ est l'intérêt de 1^f pendant un seul jour. C'est donc par $\frac{1}{7300}$ qu'il faudrait multiplier la *balance des nombres*, ou bien c'est par 7300 qu'on devrait la diviser, pour obtenir l'intérêt réellement dû. Si on la divise par 7200, c'est que l'usage du commerce est, dans ce cas, de regarder l'année comme composée de 360 jours seulement, afin d'avoir des diviseurs entiers, quand le taux de l'int' et est 6 ou 3.

Vous verrez aisément, d'après cela, que, au taux de

1 p. %, le divis' de la balance des *nombres* est 36 000
2. . . . . 18 000
3. . . . . 12 000
4. . . . . 9 000
5. . . . . 7 200
6. . . . . 6 000

Méthode des jours antérieurs. Les écritures

relatives aux paiemens réciproques des deux parties, sont, dans cette méthode, les mêmes que dans la précédente. Mais, comme je l'ai déjà dit, les jours sont ceux qui se trouvent écoulés depuis le 31 décembre de l'année précédente, jusqu'au versement de chaque somme exclusivement. Les *nombres* résultent aussi de la multiplication des sommes par les jours correspondans; mais leurs deux premiers chiffres à droite sont supprimés, c'est-à-dire que les produits sont divisés par 100 avant d'être inscrits. Il s'ensuit qu'on peut, sans grande erreur, négliger les centimes des sommes payées. Les multiplications en sont plus courtes, et c'est l'usage du commerce de préférer la brièveté des calculs, à une exactitude rigoureuse. Au reste, pour vous mettre à même de comparer le résultat approximatif de la deuxième méthode, au résultat exact de la première, je vais établir de nouveau le compte de Bergé, en employant les jours antérieurs.

DOIT. M. BERGÉ, de Nancy. Son c/c d'intérêts

	Dates.			Jours.	Nombres.
1833.		f. c.			
Janvier.	10	3 000,00	Mon paiement en espèces	[illegible]	[illegible]
	27	600,00	Mon mandat sur Fondon de Paris.	[illegible]	[illegible]
Mai.	25	600,00	Mon bon de caisse sur Picard	144	[illegible]
Juin.	30	1 558,40	Paiement de son mandat à Fondon de Collin	[illegible]	[illegible]
Octobre.	10	400,00	Son mandat à vue sur moi	[illegible]	[illegible]
			5912 f. 86 c., balance des capitaux	[illegible]	21 578
		6 211,80	Balance pour solde, à lui nouveau, ce jour.		
		10 788,20			14 206

Vous voyez qu'il y a seulement 3 centimes de différence, entre le résultat 6211f,80 donné par la 2e méthode et le résultat 6211f,83 donné par la première. On peut donc employer avec confiance les jours antérieurs et les moyens expéditifs qui s'y rattachent.

Après avoir inscrit les sommes que se sont réciproquement comptées le banquier et le fabricant, il faut prendre la différence 5912f,86 des totalités de ces sommes et l'écrire du côté de la plus petite, en la désignant par ces mots : *Balance des capitaux*. Supposant que cette

à 5 p⁷ %. l'an, chez DUVAL de cette ville.   **AVOIR.**

Crédité à nouveau de 6 211ᶠ,80, valeur 31 décembre
1833, S. E. et O.

Nancy, le 6 janvier 1834

DUVAL.

différence ait rapporté intérêt pendant toute
l'année, on écrit 365 vis-à-vis, dans la colonne
des jours, et le produit 21 578 de 5 912 multiplié par 365, divisé par 100, dans la colonne
des nombres. Ensuite se fait la balance des
nombres qui doit être écrite aussi du côté où
se trouve le moindre total. Divisant cette balance par 360, ou par 180, 120, 90, 72, 60,
selon que le taux, est 1, 2, 3, 4, 5, 6 p. %,
on obtient les intérêts des 29ᶠ,94, et on les
place dans la colonne des sommes payées, du
même côté que la différence des nombres. Reste

à calculer la balance pour solde et à terminer les écritures, comme dans la première méthode.

J'ai maintenant à vous dire pourquoi l'emploi des jours antérieurs conduit aussi bien aux intérêts dus, que l'emploi des jours postérieurs. Auparavant, je vous ferai remarquer que les moyens d'abréviation, c'est-à-dire la division des nombres par 100 et l'abandon des centimes qui en est la suite, ne sont point particuliers à la 2ᵉ méthode : on peut aussi les pratiquer dans la première, car diviser les nombres par 100 et leur différence par 72, revient évidemment à les laisser tels qu'on les obtient de la multiplication et à diviser leur différence par 7200; autrement, c'est faire en deux fois la division par 7200, au lieu de la faire en une seule. Il n'y a donc pas à préférer une méthode à l'autre, sous le rapport de la rapidité, et nous pouvons, dans ce qui reste à dire, faire abstraction de la division par 100.

Cela bien entendu, remarquer que le nombre 21578 donné par la balance des capitaux, est précisément l'excès des nombres qu'on obtiendrait en multipliant les sommes du crédit par 365, sur les nombres qui résulteraient des sommes du débit multipliées par 365. Remarquez aussi que dans 365 jours sont compris les jours antérieurs et les jours postérieurs. Vous verrez alors facilement que les nombres du crédit pour les jours antérieurs (2),

21 578 égale {
plus les nombres du crédit pour les jours postérieurs (3),
moins les nombres du débit pour les jours antérieurs (1),
moins les nombres du débit pour les jours postérieurs (4).
}

Mais la méthode prescrit d'ajouter à 21 578 les nombres du débit pour les jours antérieurs, et cette addition détruit évidemment la soustraction (1) de ces mêmes nombres ; il faut ensuite retrancher du total, les nombres du crédit pour les jours antérieurs, et cette soustraction détruit évidemment ces mêmes nombres (2) dans 21 578. Par conséquent, la balance des nombres égale, comme dans la première méthode, les nombres du crédit pour les jours postérieurs (3), moins les nombres du débit pour les mêmes jours (4).

Ainsi, les deux méthodes conduisent à la même balance des nombres et, par suite, aux mêmes intérêts. La différence qui existe entre 21 524 et 2 152 633 trouvé dans l'autre compte, provient de la division par 100 et du rejet des centimes : en effet, 2 152 633 divisé par 100 ou privé de ses deux derniers chiffres à droite, devient 21 526 qui ne surpasse plus 21 524 que de deux unités.

Si maintenant vous me demandez pourquoi la méthode des jours postérieurs, beaucoup plus claire que l'autre et susceptible de devenir aussi rapide, n'est pas la seule employée, je vous répondrai que certains esprits sont malheureusement portés à préférer ce qui est difficile à comprendre pour les autres et pour eux-mêmes.

Il me reste à vous faire observer que les intérêts déduits de la balance des *nombres*, au moyen du diviseur approximatif 7200 ou 72, surpassent d'autant plus les intérêts réellement dûs, que cette balance est plus considérable. Si, par exemple, pour le compte de Bergé, vous divisez par 7300 ou par 73, diviseurs exacts qui ne diminuent point la longueur de l'année, vous trouverez pour intérêts 294^f,88 au lieu de 298^f,97, et 294^f,84 au lieu de 298^f,94. Dans les deux cas, le fabricant recevrait donc 4^f de trop, si l'on n'introduisait pas dans le compte, une correction de l'erreur volontairement commise. Cette correction consiste à diminuer aussi l'année de 5 jours, pour la formation du *nombre* relatif à la solde du dernier compte-courant, dans la première méthode, ou à la balance des capitaux, dans la deuxième. Vous verrez facilement en effet qu'en écrivant 360 au lieu de 365 devant ces sommes, on trouve pour les intérêts 294^f,29 ou 294^f,84. La dernière de ces quantités est à très-peu près exacte, et la première n'est que de 0^f,59 au-dessous de 294^f,88 intérêts réels.

Les personnes qui se servent de la méthode des jours antérieurs, ne manquent jamais d'écrire

360 vis-à-vis de la balance des capitaux, et elles ne payent que ce qu'elles doivent; mais plusieurs de celles qui suivent la méthode des jours postérieurs, comptent 365 jours pour le solde du dernier compte-courant et accroissent ainsi très-gratuitement leur dette. Ne les imitez point : il ne faut ni tromper les autres, ni se rendre dupe soi-même.

Résumé.

L'esprit d'ordre n'est pas moins nécessaire au fabricant, que la connaissance parfaite de son industrie.

Il porte à être toujours en mesure de connaître l'état exact de l'entreprise.

Il faut pour cela tenir des comptes réguliers, basés sur un inventaire annuel : c'est ce qu'on appelle une comptabilité.

Les comptes servent encore à fournir des preuves, en cas de contestation.

Aussi, la loi rend obligatoire la tenue de trois registres : le livre d'inventaire où s'inscrivent à la fin de chaque année, l'évaluation du matériel, les créances et les dettes; le journal qui rend compte de chaque affaire dès qu'elle est consommée, et le registre où se copient les lettres écrites par le fabricant.

Les lettres reçues doivent être conservées en liasses.

Pour qu'un livre fasse foi en justice, il faut qu'il soit tenu dans les formes prescrites par la loi.

L'oubli de ces formes fait encourir le refus d'une patente, et la prison, en cas de faillite.

Avec les livres indispensables, il faut encore plusieurs livres auxiliaires, et au moins un livre de caisse, un carnet d'échéances, un registre de comptes-courans, nommé grand-livre.

Les comptes-courans présentent une colonne *doit* et une colonne *avoir*. Dans la première sont inscrites toutes les sommes que le titulaire du compte a reçues, et dans la seconde toutes les sommes qu'il a payées.

Les comptes sont tenus *en parties simples*, quand on se borne à ouvrir des comptes-courans pour les correspondans. Ils sont tenus *en parties doubles*, lorsque ces comptes-courans se trouvent contrôlés par ceux des matières premières, des produits, etc.; ils indiquent alors un créancier et un débiteur.

La tenue en parties doubles a l'avantage de rendre presque impossibles les erreurs.

Un compte se balance quand le doit ou débit égale l'avoir ou crédit. On est souvent obligé pour opérer la balance, d'ajouter à l'avoir, ce qui reste en magasin, en caisse, etc.

Pour balancer le compte-courant des produits, il faut ajouter le bénéfice au débit ou la perte au crédit.

Cela nécessite un compte des profits : les bénéfices y forment l'avoir, et les pertes y figurent au débit.

Pour balancer le compte des profits, on ouvre

un compte de capital : il est crédité de l'excès de l'avoir des profits sur le doit, et les profits en sont débités pour balance.

La différence des deux colonnes du compte de capital doit, à la fin de l'année, égaler le total du nouvel inventaire.

Pour faciliter les recherches et les vérifications, le grand-livre renvoie au journal, au moyen de numéros d'ordre, et le journal renvoie au grand-livre en indiquant les pages.

Il est bon de tenir le journal par articles simples, de manière qu'il présente le compte-courant général de la fabrique et celui de la caisse. Ces deux comptes se contrôlent réciproquement ; on voit d'un coup-d'œil la situation des affaires, et les écritures subséquentes sont très-faciles à passer.

Mais cette forme exige qu'une somme figure au deux colonnes du compte de caisse, lorsque le débiteur ou le créancier n'est ni la caisse, ni la fabrique.

Le petit fabricant qui tient ainsi son journal, peut se dispenser d'ouvrir des comptes-courans aux matières, aux produits et aux profits.

Les dépenses de ménage doivent figurer au journal : elles comprennent tous les menus frais de l'entreprise.

Ces dépenses ont aussi un compte-courant sur le grand-livre, mais seulement pour que sans recherches, on puisse aisément en voir le total ; car la colonne doit reste toujours vide, quand on n'ouvre pas un compte aux profits.

15*

Le fabricant diminue ses revenus, s'il garde en caisse plus d'argent qu'il ne lui en faut pour ses dépenses courantes.

Tout le numéraire disponible doit être confié à un banquier, aussitôt après la recette, sous la condition de pouvoir le retirer à mesure des besoins et même outrepasser les sommes versées.

Il en résulte un compte-courant d'intérêts qui se règle ordinairement à la fin de chaque année.

On considère, pour établir un compte-courant d'intérêts, ou les jours postérieurs, écoulés depuis le versement de chaque somme, jusqu'au 31 décembre, ou les jours antérieurs, écoulés depuis le 1er janvier, jusqu'au paiement de chaque somme.

Dans les deux cas, l'intérêt est ramené à celui d'un seul jour, au moyen de *nombres* qui sont les produits des sommes par les jours.

On obtient alors l'intérêt en divisant la balance des *nombres*, par le dénominateur de la fraction qui exprime l'intérêt d'un franc pendant un jour.

Ce diviseur est formé d'après le taux et la supposition de 360 jours seulement dans l'année.

Afin de corriger à l'avance le résultat qui serait évidemment trop fort, il faut supposer aussi l'année de 360 jours, pour former le *nombre* relatif à la solde du dernier compte-courant, dans le cas des jours postérieurs, ou relatif à la balance des capitaux, dans le cas des jours antérieurs.

Il n'y a aucune raison de préférer une méthode à l'autre, sous le rapport de la brièveté ; mais celle des jours postérieurs est la plus claire et la plus simple.

RÉGIME DOMESTIQUE.

Aucune famille ne peut prospérer, si elle n'est gouvernée sagement ; mais le fabricant doit plus que personne adopter un bon régime domestique. Ayant le travail pour principale source de ses revenus, et ne pouvant connaître son bénéfice annuel, qu'après avoir effectué les dépenses du ménage, il a besoin de faire régner dans sa maison, l'activité, l'ordre et l'économie.

Nombre des employés. C'est d'abord un point capital que de réduire au nombre strictement nécessaire, les contre-maîtres, les surveillans et les commis de toute espèce. Ils sont d'autant plus mous et négligens, que leur responsabilité est plus partagée, et d'ailleurs leurs gages absorbent la partie la plus claire des profits. Il n'est pas rare de voir une petite fabrique soutenir la concurrence d'une grande et finir par s'en débarrasser, uniquement parce que dans la première ce sont les intéressés qui surveillent et soignent tout, tandis que dans la dernière la surveillance et les soins sont confiés à une troupe de salariés, qui coûtent fort cher.

C'est ainsi que la Suisse enlève peu à peu à St Etienne, la partie des rubans unis ; elle s'emparerait de même de la confection des rubans façonnés, s'ils n'exigeaient pas des combinaisons étendues et un matériel considérable. A la vérité, nos voisins ne payent pas, comme nos compatriotes, un droit de 10 pour cent, sur la soie tirée d'Italie; mais ce droit est bien loin de constituer tout leur avantage. La plus grande partie provient de ce que l'organisation des fabriques de St.-Etienne exige nombre de commis et de teneurs de livres fortement rétribués, tandis qu'une fabrique de Suisse emploie un seul homme, aux gages de 36 à 40 francs par mois, pour délivrer les matières premières aux ouvriers, surveiller le travail et recevoir les pièces.

Emploi de la famille. Il est un moyen fort simple pour le fabricant, de diminuer le nombre de ses employés et même celui des employés indispensables : c'est de mettre sa femme et ses filles à la tenue de la caisse et des écritures; c'est de faire remplir à ses fils, les fonctions de surveillans et de contre-maîtres. N'est-il pas juste que pendant qu'il travaille avec ardeur à former, à grossir la fortune de sa famille, cette famille gagne au moins de quoi suffire à son entretien? Ne serait-il pas honteux pour une femme et des enfans, de ne songer qu'à la toilette, à la représentation et aux plaisirs, tandis que le mari, le père épuiserait ses forces morales et physiques, pour fournir à leurs folles et incessantes dépenses? Le travail du bureau n'a rien de bien pénible, pour le sexe dont les goûts et les habitudes sont si sédentaires. Il n'est pas plus difficile de tenir une plume et de passer, pendant quelques heures, des écritures sur un journal ou sur un grand-livre, que de broder, d'ourdir de la tapisserie, de dessiner et de faire résonner un piano. La première occupation est peut-être la moins récréative, mais à coup sûr elle est la plus profitable : non-seulement elle contribuerait pour beaucoup à la prospérité de de la fabrique; elle serait encore une cause de mariages hâtifs et avantageux.

J'entends sans cesse reprocher aux jeunes-gens d'aujourd'hui, leur peu de goût pour le lien conjugal et leurs prétentions à une grosse dot. Je conçois bien, pour moi, qu'ils ne se soucient pas trop, quand ils ne sont pas riches, de prendre une compagne qui leur apporterait peu de chose et qui chez eux s'occuperait tout au plus de leur linge et de leur diner. Il y a sans doute du bonheur à vivre doucement près d'une jeune femme brillante de vertu, d'esprit et de charmes, je suis bien loin de le nier; mais pour goûter ce bonheur, pour vivre doucement, il faut à tout le moins de l'aisance: si contentement passe richesse, la gène éloigne bien le contentement. Que les jeunes filles, au lieu de consumer leur temps à faire les demoiselles, l'emploient à se donner les moyens d'être utiles à un mari, de contribuer d'une manière notable au bien-être de la famille, elles n'auront plus besoin d'une aussi grosse dot pour trouver à s'établir honorablement.

Quant aux garçons, ils n'éprouveraient certainement pas autant de fatigue, à seconder leur père dans la surveillance de la fabrique, qu'à chasser, à lasser leurs chevaux, à passer la nuit au bal, et du moins, ils se trouveraient prêts à le remplacer, quand la vieillesse ou la mort l'enlèverait à ses travaux; on ne verrait plus aussi souvent les héritiers d'une grande fortune la détruire en peu d'années, tout en cherchant à l'accroître encore.

Au reste, il y a temps pour tout et il n'est ni impossible, ni défendu de goûter quelques plaisirs, après avoir rempli la tâche qu'imposent les affaires. Avec l'amour du travail et le sentiment de ses devoirs, la famille d'un fabricant pourra presque toujours l'aider, sans cesser de cultiver les beaux-arts, sans se priver des exercices agréables, sans renoncer absolument au monde.

Éducation des enfans. C'est bien souvent notre faute, si nous ne trouvons aucun secours dans nos enfans. Leur dissipation, leur soif des plaisirs, leur vanité sont trop ordinairement notre ouvrage; du moins, ce sont les fruits nécessaires de la mauvaise éducation que nous leur avons donnée. Dès leur plus tendre jeunesse, nous les gâtons, car nous contentons toutes leurs fantaisies; nous prenons à tâche de satisfaire leur passion pour les jeux, leur friandise et même leur gourmandise; nous nous occupons sans cesse de leur procurer des diver-

tissemens ; nous leur faisons à peine quelques
douces réprimandes sur leurs mauvais penchans ; nous nous extasions sur leur beauté
et leur esprit, et nos rires d'admiration sont
prodigués aux résultats des plus fâcheux défauts.
Il y aurait miracle si des hommes et des femmes
ainsi commencés, n'étaient pas paresseux, sen-
suels, égoïstes, infatués d'eux-mêmes. Nous
devrions pourtant être avertis des funestes conséquences de notre amour insensé, par l'espèce
d'horreur qu'inspirent aux autres ces enfans
gâtés ; mais il semble que nous ne voulions
pas l'apercevoir. Nous allons jusqu'à prendre de froides formules de politesse, pour des
applaudissemens sincères, et jusqu'à regarder
comme ennemis de l'enfance ou envieux de notre
bonheur, ceux dont la franchise refuse un éloge
à notre charmante famille. Ah ! si nous pouvions
savoir ce qu'en pensent, ce qu'en disent par
tout, même nos apparens approbateurs ; si nous
pouvions connaître le blâme qu'on déverse sur
notre coupable faiblesse ! Mais qui oserait nous
le dire ? un ami vrai ? Il sait trop bien qu'à
l'instant même nous le prendrions en haine.

Vient enfin le temps des études, qu'on fait
commencer le plus tard possible, tant l'on craint
de troubler les plaisirs du jeune âge et d'ef-
faroucher les grâces enfantines. Le pauvre petit
a toujours bien le temps de travailler, se dit-
on, la vie est assez longue pour cela, et la peine
est le fonds qui lui manquera le moins. Puis,

fidèle à ces belles maximes, on laisse croître
en paix l'insouciance et la paresse; quelquefois
même on les encourage, par des parties de
plaisir, des voyages, qui interrompent les leçons et les devoirs. L'enfant reste ignorant,
bien entendu; mais c'est la faute des maîtres,
car il a les plus heureuses dispositions, témoin
ses spirituelles reparties, ses tours pleins de
finesse, c'est-à-dire ses sottises et ses méchan-
cetés. Comment se pourrait-il en effet qu'un
père et une mère de cette trempe, ne crussent
pas avoir procréé un génie?

Ce n'est pas tout. Aux études sérieuses, ils
ne manquent pas de mêler la kirielle des arts
d'agrément, car il faut bien que le délicieux
enfant devienne à la fois savant, virtuose, ar-
tiste, pour qu'il reste toujours un phénix. Oh!
sur le chapitre des arts, ces bons parents n'entendent plus raison; ils stimulent à qui mieux;
avec la plus grande douceur et nombre de
précautions oratoires, sans doute, mais enfin
ils stimulent. Ne faut-il pas que le salon offre à
l'admiration des visiteurs, les charmants dessins
du jeune prodige? Ne convient-il pas que lui
aussi puisse faire sa partie dans un concert?
Quelle honte si l'on ne savait monter à cheval,
en anglais! Comment se résigner à ne pas être
compté au nombre des plus élégans danseurs!
Mais ce n'est pas assez d'être habile à former
des pas gracieux; il importe extrêmement de
savoir se bien mettre. C'est évidemment la

tendre mère qui se charge d'initier soit sa fille, soit son fils, dans l'art merveilleux de dépenser beaucoup d'argent pour se rendre ridicule.

Voilà en réalité l'éducation du jour, dans une foule de familles. Est-ce celle qui convient aux intérêts du fabricant? Assurément, non. Elle est très-propre, sans contredit, à former de précieuses demoiselles, et des jeunes-gens du suprême bon ton; mais jamais elle ne produira des travailleurs, des esprits sensés et capables, des ames éprises de l'amour des devoirs. Nulle autre ne saurait mieux donner aux enfans, ces goûts et ces habitudes qui viennent si promptement à bout des bénéfices et des capitaux du plus; mais nulle autre aussi n'est moins faite pour procurer à l'entrepreneur d'industrie des aides qui assurent, qui accroissent la prospérité de ses affaires.

Principes directeurs de l'éducation. Voici quelques vérités qui devraient constamment présider à l'éducation de la famille d'un fabricant. Les mœurs, les talens, les connaissances qui conviennent à l'industrie, forment un capital productif, principe qui mettent à même de se faire des revenus; les mœurs élégantes, les talens d'agrément, les connaissances futiles ne constituent jamais qu'un capital improductif; le profit, c'est qu'on prise en tête, c'est tout au plus une minime satisfaction, ou plutôt c'est-à-dire que procurent les succès de salon, les hommages d'un monde superficiel qui s'applaudit qu'à ce qui l'amuse. Le jeune homme et la jeune fille façonnés pour briller uniquement dans les cercles et les promenades, ne sont chez leurs parens et chez eux-mêmes, que de jolis meubles qui peuvent réjouir la vue par leurs formes et leur vernis, mais dont on ne saurait se servir utilement; avec cette différence toutefois, que l'élégance des meubles coûte peu d'entretien, tandis que celle des enfans, d'une femme ou d'un mari est bien souvent ruineuse.

Cherchez donc par tous les moyens, à donner à votre famille, des mœurs graves, des talens utiles et des connaissances solides. Que vos fils acquièrent toutes les qualités du parfait fabricant; que vos filles deviennent d'excellentes femmes de ménage, et qu'en même temps elles reçoivent une instruction qui les rende aptes à quelque travail d'intelligence.

Moyens d'éducation. L'éducation morale commence pour ainsi dire au sein de la nourrice. Réprimez les caprices ou du moins n'y cédez jamais; ne laissez pas impunie la moindre méchanceté: les germes de ces défauts se développent prodigieusement vite et jettent de profondes racines. Récompensez les bons mouvemens du cœur, afin qu'ils deviennent fréquens. Faites attendre quelquefois un plaisir, pour habituer à la patience. N'accordez rien de ce que l'enfant semble exiger, de peur qu'il ne devienne despote. Arrachez-le sans pitié à ses jeux, quand vient l'heure des soins, d'un repas ou du sommeil : c'est le moyen de lui inspirer le besoin de l'ordre, de la régularité dans la vie ; c'est aussi le moyen de lui faire comprendre que les amusemens ne doivent consumer que les loisirs. Donnez une nourriture substantielle et suffisante ; mais exigez de la sobriété et soyez parcimonieux de friandises, si vous voulez lui apprendre à manger pour vivre et non à vivre pour manger. Qu'il respecte les personnes, que la moindre propriété d'autrui lui soit sacrée, pour que dans la suite il n'enfreigne pas, comme tant de jeunes-gens, les devoirs qu'impose la société. Point de trêve à sa paresse : le paresseux est un capital mort, ou plutôt il ressemble à ces plantes parasites qui vivent de la substance des autres et nuisent à leur développement. En un mot, surveillez l'enfant sans cesse, car il est presque toujours près de mal faire ; n'épargnez ni les remontrances, ni les réprimandes qui seules peuvent lui inspirer le sentiment du bien ; ayez même le courage d'employer les corrections énergiques, si malgré vos efforts paternels, il s'obstine à suivre un de ces chemins qui égarent la vie. Vous le saisiriez bien aux cheveux pour sauver son corps d'un prochain danger ; pourquoi craindriez-vous de lui causer quelque souffrance, pour arrêter son âme sur le bord de l'abîme? L'objet de l'amour et de la sollicitude d'un père doit être le moral de ses enfans, bien plus encore que le physique. Laid, rachitique, infirme, l'homme peut faire bénir sa vie et sa mémoire; il est le tourment de sa propre famille, il devient pour tous un être dangereux qui encourt le mépris et la haine, s'il a l'esprit faux et le cœur corrompu.

Instruction des enfans. Le fabricant doit toujours avoir en vue les besoins de l'industrie, lorsqu'il donne des talens à ses enfans : à quoi servirait qu'ils se rendissent habiles dans des arts dont le soin des affaires ne manquerait pas de les détourner? Ce serait de la peine, du temps et de l'argent à-peu-près perdus. Que tous aient une bonne écriture et sachent dessiner l'ornement; qu'en outre, les garçons soient capables de tracer un plan de bâtiment ou de machine, et de se tenir à cheval; les filles, de manier l'aiguille avec dextérité; voilà certainement l'essentiel. Je ne repousse pas absolument la danse, la musique, ni le dessin d'académie: le bal est tellement dans nos mœurs, qu'il faut bien pouvoir y figurer comme tout le monde; la musique et le dessin de la nature sont des langues aujourd'hui si répandues, des langues si pleines de charmes, qu'on ne peut guère y rester étranger. Mais on doit se garder de pousser loin l'étude de ces arts, car ils inspirent alors une sorte de passion qui fait prendre en dégoût les occupations utiles.

Les connaissances que réclament les besoins de la vie industrielle, sont si nombreuses, si étendues, que la jeunesse d'un homme lui suffit à peine pour les acquérir. Il faut donc écarter de l'instruction d'un enfant, celles qui ne sont pas nécessaires à son état futur : les études de luxe nuisent aux études indispensables, et par le temps qu'elles consument, et par l'absorption d'une grande partie des forces de l'esprit. Or, au premier rang des connaissances humaines inutiles au fabricant, figurent sans contredit le grec et le latin, langues qu'on ne parle plus nulle part et que les professeurs seuls comprennent bien aujourd'hui. Comment donc expliquer cet aveuglement d'un si grand nombre de parens qui condamnent à *faire leurs classes*, des enfans voués à l'industrie ? Provient-il d'une sotte vanité, ou du dicton d'autrefois, *le latin mène à tout*, ou du préjugé encore trop commun qu'on ne peut savoir bien notre langue, qu'après avoir appris celle des grecs et celle des romains ? Mais, ce préjugé est si faux, qu'il n'est pas un seul jeune homme qui, au sortir du collège, sache très-bien le français, voire même l'orthographe, tandis qu'on rencontre des écrivains purs, élégans, et jusqu'à des poètes, dont les études de latinité sont des plus médiocres, ou qui n'en ont jamais fait.

Il n'est pas plus vrai que le latin mène à tout. Les plus utiles de ses résultats, on les obtiendrait, en moins de temps, d'un bon cours de littérature française, joint à une histoire bien faite de l'antiquité, et ce cours, cette histoire ne dépasseraient pas, je pense, d'une foule

16*

d'autres connaissances pour le moins aussi nécessaires.

Quant à la vanité qui porterait à sacrifier un septième ou un huitième de la vie humaine, aux langues mortes, tout ce qu'on peut en dire, c'est qu'elle serait ridicule, comme toutes les vanités d'ici-bas, et peut-être plus funeste qu'aucune autre : l'industrie lui devrait la plupart de ses fautes et de ses malheurs, qui proviennent presque toujours de l'ignorance des faits et des principes sur lesquels s'appuient la production et le commerce.

Ne tenez donc point, je vous en conjure, à ce que vos fils passent pour avoir fait *de bonnes études*, comme disent les partisans du grec et du latin; tenez bien plutôt à ce qu'ils en fissent de bonnes effectivement; tenez à ce qu'ils acquièrent complètement toutes les connaissances nécessaires à l'entrepreneur d'industrie, sans vous inquiéter de ces censeurs routiniers qui ne se doutent point de l'influence des sciences sur la prospérité des individus et des nations.

Il va sans dire que l'instruction de vos filles n'a pas besoin d'être aussi forte. Il convient toutefois qu'elles étudient la Grammaire, pour écrire et parler correctement, l'Arithmétique et la Comptabilité, pour être en état de tenir des livres. Un peu de géographie et d'histoire étendrait leurs idées, ornerait leur esprit et lui rendrait plus facile l'intelligence des relations commerciales.

Manière de vivre. Une des choses qui influent le plus sur la fortune d'une famille, c'est sa manière de vivre. Rien n'est plus évident que cette fortune s'accroît journellement, si la dépense d'entretien est inférieure au revenu; qu'elle reste stationnaire, s'il y a égalité entre ces deux choses; et qu'elle décroît, si la première surpasse la seconde. Il semble néanmoins que pour certaines gens, ce ne soit pas là des axiomes : on les voit donner à leurs goûts et à leurs fantaisies, sans nul souci de l'avenir, beaucoup plus que ne rapportent leurs biens et leur industrie. Et ce défaut de bon sens, ce désordre, se rencontre dans toutes les classes de la société, chez les riches, comme chez les pauvres. Aussi qu'arrive-t-il? Des riches finissent par devenir pauvres, et des pauvres s'enfonçant chaque jour davantage dans la misère, tombent bientôt au dernier degré de l'échelle sociale, à la mendicité.

Ce n'est point assez, pour celui dont la fortune court des chances, ce n'est point assez d'éviter cette voie de ruine; il faut encore qu'il épargne et qu'il épargne une forte partie de ses revenus, s'il veut mettre son aisance, son bonheur pour ainsi dire à l'abri de tout événement.

Un grand manufacturier se fait 30 mille francs de rente et en dépense 29, tandis qu'un petit fabricant qui retire seulement 5 mille francs de son entreprise, fait aussi une économie annuelle de mille francs. Au bout de 20 ans, le deux revenus seront augmentés au moins d'une somme égale à cette économie ; le manufacturier jouira d'une rente de 31 mille francs, et le petit fabricant d'une rente de 6 mille francs. Qu'alors chacun d'eux , par suite des vicissitudes trop ordinaires de l'industrie, vienne à perdre la moitié de ce qu'il possède : le premier sera réduit à 15 500^f et le second à 3 mille ; l'avoir de celui-ci se trouvera presque le cinquième de l'avoir du manufacturier, bien qu'il en fût seulement le sixième, avant la catastrophe, et il y aura moins de différence entre leurs fortunes. Mais ce n'est pas là le point le plus important : le manufacturier qui se donnait pour 29 mille francs de jouissances, n'en n'aura plus qu'environ moitié ; tandis que le fabricant qui satisfaisait à ses besoins avec 4 mille francs, sera seulement obligé de les réduire d'un quart , et comme ce quart ne sera pas même la quinzième partie des sacrifices forcés du manufacturier, le malheur de celui-ci se trouvera de beaucoup plus poignant que le malheur de son modeste concurrent. Il n'en serait pas ainsi, l'avantage resterait même au plus riche, s'il eût épargné, comme l'autre, le cinquième de son revenu ; car il n'aurait non plus à diminuer ses dépenses que d'un quart, et la réduction porterait probablement sur des choses d'une bien faible importance.

Vous voyez donc que si le pauvre doit épargner, pour arriver à la fortune et au bonheur ;

le riche a besoin d'épargner aussi, pour les conserver, et que, chose fort remarquable, ses épargnes doivent être d'autant plus fortes, qu'il a des revenus plus considérables.

Il faut en conclure l'obligation pour le fabricant, de mener une vie simple, quel que soit son degré de fortune. Ce sont surtout les dépenses de la table et de la toilette qu'il importe de restreindre : le moindre excès sur ces deux points se répète si souvent, qu'il peut, en une seule année, causer un grand vide dans la caisse. Il n'est pas très-rare de voir des familles qui aiment la bonne chère et une mise recherchée, s'endetter malgré leurs deux à trois mille écus de rente. On s'y dit que des mets un peu plus délicats, des vêtemens un peu plus beaux, une petit fête de temps en temps, ne sont pas d'une grande conséquence ; mais on ne s'y avoue pas qu'un peu journellement répété fait beaucoup, et que les fêtes produisent sur la fortune, le même effet que les boulets d'une batterie de brèche sur un rempart assiégé.

Un équipage, une maison de campagne donnent lieu aussi à des frais quotidiens : il faut entretenir les chevaux, les harnais et la voiture, les bâtimens et les jardins ; on perd l'intérêt et le bénéfice que rapporteraient les fonds absorbés par toutes ces choses, s'ils étaient employés dans l'entreprise ; on perd même chaque jour une partie du capital, car, à l'exception des terres, tout matériel s'use et diminue de valeur ;

enfin, un domestique plus nombreux, une manière de vivre plus dispendieuse, viennent augmenter encore ces dépenses de luxe.

Toutefois, je répéterai ici ce que j'ai dit en parlant de l'évaluation des frais de ménage (T. II, p. 202) : le fabricant doit consulter les mœurs du pays, pour régler son train de maison, d'après l'importance de ses affaires. Il y a des convenances à observer, et d'ailleurs la raison prescrit de se tenir aussi loin de l'avarice que de la prodigalité. Le prodigue est un enfant, un fou qui ne pense nullement au lendemain ; l'avare en se privant de tout aujourd'hui, par crainte de manquer dès demain, montre une bien sotte terreur d'un avenir peu probable. L'argent est fait pour être dépensé, pour satisfaire à nos besoins ; seulement, l'emploi doit en être judicieux et sage.

Ordre dans le ménage. Le premier des moyens d'économie, c'est un ordre strict dans le ménage, et le premier point de cet ordre à établir, c'est un compte régulier de toutes les dépenses journalières. Il ne suffit pas de créditer la caisse chaque semaine, d'une somme donnée pour la maison, et d'en débiter le compte courant du ménage ; il faut de plus qu'un *livre d'ordinaire* montre combien a coûté la nourriture, et qu'un journal domestique détaille tous les autres menus achats, tous les moindres paiemens.

Avantages des comptes détaillés. Les avan-

tages de ces minutieuses écritures sont faciles
à énumérer : elles indiquent, si la somme totale
de la semaine ou du mois paraît trop forte,
quels sont les articles qui peuvent être réduits
ou supprimés à l'avenir ; elles font connaître,
à peu de centimes près, comment cette somme a
été dépensée, chose que sans un journal on
aurait peine à comprendre ; elles préviennent
ainsi les soupçons qui pourraient s'élever dans
l'esprit soit de la femme, soit du mari, ou ceux
que tous deux concevraient probablement tantôt
contre les domestiques, tantôt contre leurs
enfans ; car l'argent s'en va si vite, qu'on croit
facilement au désordre ou au vol, lorsqu'on
ne peut se rendre un compte exact des dépenses. C'est au reste une barrière presque insur-
montable qu'on oppose à la vanité, à la passion
du jeu, à l'inconduite, que ce contrôle journalier, propre à mettre en évidence la moindre
dépense secrète. Tel ménage lui doit la paix,
l'harmonie qu'on y voit régner et l'estime publique dont il jouit ; tel autre, pour n'avoir
pas voulu se l'imposer, est tombé dans le malheur
et le mépris.

Inconvéniens des dettes. Mais observez bien
que vous détruiriez en grande partie les avantages du livre d'ordinaire et du journal domestique, si vous n'aviez pas pour loi, de payer
comptant, si vous faisiez, chez les ouvriers et les
marchands, de ces mémoires qui ne se règlent
que de loin en loin. Le crédit, les longs mémoires

conduisent toujours à dépenser plus qu'on ne voudrait, plus qu'on ne devrait : il semble que les choses ne coûtent rien, quand on peut se les procurer sans bourse délier ; on oublie les dettes, lorsqu'une fantaisie obsède l'âme, et l'on se laisse aller à dépenser pour la satisfaire, l'argent destiné à un acquittement. Ajourner les paiemens, c'est donc s'exposer à empiéter sur l'avenir, à se trouver un jour dans l'impossibilité de subvenir aux besoins urgens. Rappelez-vous d'ailleurs que les prix sont d'ordinaire plus élevés, quand les fournisseurs doivent attendre.

Inconvéniens des provisions. Un troisième point de l'ordre du ménage, c'est d'interdire les fortes provisions. N'écoutez pas ceux qui assurent qu'elles sont économiques. Sans doute, les choses achetées en gros coûtent un peu moins ; mais d'un autre côté, elles occupent beaucoup de place ; elles sont parfois exposées au gaspillage, au vol ; souvent elles se détériorent, et toujours elles font dormir des capitaux. Où est donc l'économie ? Il est mieux entendu, je crois, d'acheter au jour le jour, et on le peut sans inconvénient, aujourd'hui que nos moindres villes offrent des marchés toujours bien approvisionnés de comestibles.

J'ai connu une personne tourmentée par l'amour de l'épargne, un peu plus que de raison, qui voulut savoir d'expérience, à quoi s'en tenir sur l'article des provisions de ménage. Elle fit en conséquence un magasin de toutes les denrées nécessaires pour alimenter sa cuisine pendant un an. Au bout de ce temps et le magasin étant vide, elle mit sa maison, durant une autre année, au régime de l'approvisionnement journalier. Hé bien, malgré un certain renchérissement que subirent plusieurs articles dans la deuxième année, le second mode produisit une économie importante, relativement à la dépense totale.

Inconvéniens des bons marchés. Les mêmes raisons doivent porter votre ménagère à se garder de profiter des bons marchés qui se présentent, quand les choses ne sont pas nécessaires à la famille, et même quand il faut un long temps pour qu'elles le deviennent. Des gens se ruinent, à force de faire d'excellens marchés. L'achat d'objets superflus en a conduit d'autres à vendre ensuite ce qui leur était le plus nécessaire. C'est que le bas prix d'une chose n'est d'aucun avantage, si l'argent reste engagé pendant des années, si le temps occasionne une détérioration, si les progrès de l'industrie viennent à produire une nouvelle baisse; c'est aussi qu'on s'ôte les moyens de réparer des malheurs ou de faire face à un besoin imprévu, lorsqu'on met ses revenus, ses épargnes, dans des acquisitions improductives et inutiles.

Importance des petites économies. Enfin, retenez bien qu'il n'est pas de petites économies dans un ménage et surtout dans celui d'un fabricant : les moindres ont de l'importance, parce que se répétant souvent, elles forment au bout de l'année une somme considérable, et parce que la somme pareille qu'elles empêchent de dépenser de nouveau, fait plus que se doubler en 15 ans, placée qu'elle est dans l'entreprise à un taux fort élevé. Je sais que les prodigues et les imprévoyans tournent en ridicule le soin qu'on se donne pour conserver des choses de peu de valeur; mais il faut les laisser dire : on se trouve toujours bien de faire ce dont se moquent les insensés.

Résumé.

Le fabricant doit plus que personne adopter un bon régime domestique.

Ce n'est pas un moyen d'activité et d'ordre, que de dépasser en employés et en commis, le nombre strictement nécessaire.

Leurs salaires absorbent le plus clair du bénéfice.

La famille du fabricant doit gagner son entretien : la femme et les filles en tenant les écritures, les garçons en remplissant les fonctions de contre-maîtres.

Si les enfans ne sont pas capables d'aider ainsi leur père, c'est la faute de l'éducation qu'on leur a donnée.

Tout dans une bonne éducation industrielle doit tendre à former un capital immatériel productif.

L'éducation morale commence au berceau; elle exige une surveillance continuelle; son but est la justesse de l'esprit et la noblesse de l'ame.

L'instruction est bonne, si elle répond aux besoins de l'industrie.

Il est dangereux de pousser loin l'étude des arts d'agrément.

Les langues mortes doivent être bannies de l'instruction industrielle.

L'instruction des filles d'un fabricant est suffisante, si elle comprend la Grammaire, l'Arithmétique, la Comptabilité et la Géographie.

La manière de vivre est une des choses qui influent le plus sur la fortune d'une famille.

Il faut épargner une forte partie du revenu, si l'on veut mettre son aisance, son bonheur à l'abri de tout événement.

Ce sont surtout les dépenses de la table et de la toilette qu'il importe de restreindre; cependant il y a des convenances à observer.

Le premier des moyens d'économie, c'est un ordre strict dans le ménage.

On retire plusieurs avantages d'un compte détaillé de toutes les dépenses d'une maison.

Payez toujours comptant les ouvriers et les marchands: du moins ne faites jamais de longs mémoires: le crédit conduit à dépenser plus qu'on ne devrait.

Les fortes provisions de ménage ne sont rien moins qu'économiques.

Les bons marchés sont ruineux, quand il s'agit d'objets superflus ou d'une utilité éloignée.

Les moindres économies de ménage ont de l'importance, car elles se répètent très-souvent.

CESSION

DE LA FABRIQUE.

Je crois vous avoir appris dans ce qui précède, tout ce qu'il importe de savoir sur l'établissement et la conduite d'une fabrique. Le peu que j'ai omis soit pour abréger, soit par oubli, s'enchaînerait tellement aux principes exposés et aux conséquences qui en ont été déduites, qu'il vous sera extrêmement facile d'y suppléer quand il le faudra. Je n'ai donc plus qu'à vous entretenir de la troisième période d'une entreprise industrielle, c'est-à-dire de sa *cession*.

Avantages de la cession. Un fabricant ne peut pas tout simplement cesser de travailler et vendre son matériel à un acquéreur quelconque; car lors même qu'il traiterait avantageusement, pour tous ses capitaux engagés, avec l'entrepreneur d'une industrie différente de la sienne, il perdrait toujours le capital immatériel de ses relations commerciales, dont la formation lui a coûté des soins, du temps et des sacrifices pécuniaires. Pour réaliser ce capital précieux, il doit non pas seulement vendre sa fabrique, mais *céder la suite de ses affaires.* En même temps, il retirera davantage des bâtimens, des machines, des outils et du reste des matières premières: car pour celui qui, continuant la fabrication, n'a aucune transformation à opérer, ce matériel vaut plus que pour tout autre.

Epoque de la cession. Mais, à quelle époque

le fabricant peut-il, sans encourir le blâme public, céder son établissement? Cette question est complexe; on doit pour la résoudre, considérer les devoirs du citoyen et ceux du père de famille. Les premiers imposent à l'homme l'obligation de travailler tant que ses forces le lui permettent: l'être valide et inutile n'est pas digne de la protection de l'Etat, ni des jouissances sociales. Toutefois, il y a plusieurs manières d'être utile au pays, et l'on peut, sans honte, quitter l'industrie, pour gérer une grande fortune, ou pour prendre part aux affaires publiques; mais il serait mal à un jeune homme vigoureux de corps et d'esprit, d'abandonner une entreprise par ennui des soins qu'elle exige et par le désir d'un repos absolu.

Le père de famille doit pour le moins à chacun de ses enfans, autant qu'il a reçu de ses parens, en capitaux immatériels et matériels. Rarement on est en reste relativement aux premiers, car d'ordinaire notre tendresse et notre orgueil nous portent à donner à nos rejetons plus d'éducation, plus de talens et de connaissances, que nous n'en avons nous-mêmes: ce qui fait, pour le dire en passant, que l'espèce humaine se perfectionne sans cesse et que la civilisation est toujours progressive. Reste donc à voir si la fortune qu'on possède, égale ce qui vient d'héritage, multiplié par le nombre des enfans. C'est seulement quand l'égalité a lieu, qu'un fabricant peut se retirer, sans manquer à ses devoirs de

17*

père. Il ferait mieux pourtant de continuer
pendant quelques années encore, si le repos ne
lui était pas indispensable, afin qu'un surcroit
de richesse assurât contre les événemens im-
prévus, l'intégralité de la succession qu'il doit
laisser.

Mode de cession. La cession d'une fabrique
se fait de plusieurs manières : on vend au comptant ou à termes; on devient tout-à-fait étranger
à l'entreprise ou l'on forme avec son successeur
soit une société en nom collectif, soit une société
en commandite.

Si en vendant à termes, vous obtenez de vos
fonds le plus fort intérêt qu'il soit possible d'en
trouver, le marché vous sera tout aussi avanta-
tageux que s'il était fait au comptant, car dans
ce cas vous seriez toujours obligé de placer
votre argent; il pourra même l'être davantage,
attendu qu'un acquéreur qui a besoin d'emprunter, consent volontiers à payer un peu
plus cher, lorsqu'on lui donne du temps.

Une autre considération doit d'ailleurs porter
à préférer la vente à termes : le prêt de la valeur
d'une chose est beaucoup plus sûr, quand il
est fait à l'acquéreur. En effet, que cet acquéreur tombe en faillite, votre créance passe
avant toutes les autres, elle est *privilégiée*, si
l'acte de vente est transcrit sur le registre des
hypothèques, et vous êtes payé intégralement,
lorsque le failli possède encore de quoi vous
satisfaire, ou tout au moins vous rentrez en
possession de la chose vendue.

Le prêt est-il fait à un autre ? vous pouvez tout perdre, quand bien même vous auriez, pour garantie, une première hypothèque sur tous ses biens présens ; quand bien même, en cas d'insuffisance de ceux-ci, l'hypothèque s'étendrait sur les biens à venir ; car il existe par fois des hypothèques légales, ignorées du public, qui passent avant toutes les autres et absorbent tout ce que possède le débiteur. Ces hypothèques légales sont dévolues à la femme pour sa dot et ses droits, aux mineurs et interdits sur les biens de leur tuteur, à l'État, aux communes, aux établissemens publics sur les biens de leurs comptables. Elles existent indépendamment de toute inscription et s'étendent à tous les biens présens et futurs. Il est vrai que l'emprunteur est tenu de vous faire connaître les hypothèques légales qui pèsent sur lui, sous peine d'être contraint par corps à vous payer. Mais, s'il n'avait plus rien, à quoi vous servirait de le mettre en prison ? à augmenter votre perte, puisque le débiteur détenu doit être nourri par le créancier.

Le prêt sur hypothèque présente encore plusieurs autres chances préjudiciables ; mais il serait trop long de les exposer. Ce qui vient de vous être dit suffit pour vous montrer qu'une telle manière de prêter n'est pas, à beaucoup près, aussi sûre qu'on le croit généralement.

Lorsque le fabricant qui se retire, forme, comme capitaliste, une société avec son successeur, il rend ses revenus plus considérables, puisque, outre l'intérêt de ses fonds, il reçoit encore une part des bénéfices; mais d'un autre côté, il court des risques, tandis qu'une vente à termes n'en offre aucun. Or, il me semble préférable d'avoir un revenu bien assuré, à posséder un revenu plus fort, mais incertain. Quant au mode de société, le plus avantageux c'est celui de la commandite qui n'engage l'associé que pour sa mise (T. II, p. 57).

D'ordinaire, le fabricant cède son entreprise à un de ses fils, et nécessairement, dans ce cas, la vente est toujours faite à termes, car le jeune homme n'ayant encore rien en propre, ne peut payer comptant. Sans vouloir restreindre la sollicitude paternelle, je dirai pourtant que, si l'on n'a pas donné à ses enfans l'éducation qui convient à la carrière industrielle, ou s'ils n'en ont pas suffisamment profité, on doit, dans leur propre intérêt, préférer l'étranger dont la fortune, l'aptitude aux affaires et la moralité, sont autant de garanties pour l'excès du prix de vente, sur celui du matériel, et même pour la valeur qu'ôte à ce matériel le temps qui s'écoule après la cession. Vous concevez en effet que pour ces deux parties du capital cédé, le privilège du vendeur devient illusoire, quand l'acquéreur est ruiné: on ne peut plus recouvrer alors que ce qui reste, et les relations commerciales, si tant est qu'elles soient bonnes encore, ne sont plus rien pour l'ancien fabricant qui ne peut pas songer à reprendre les affaires.

Vie du fabricant retiré. Je l'ai déjà dit, l'homme n'est pas fait pour vivre inutile. Tant qu'il peut agir et penser, il se doit à son pays; il ne lui est pas permis de consumer ses jours dans un repos absolu; du moins sa paresse, son insouciance, son égoïsme sont moralement punis par ses concitoyens qui lui retirent une grande partie de leur considération et de leur estime.

D'autres motifs encore doivent porter le fabricant retiré, à faire tourner au profit du pays, l'activité et l'intelligence qu'il n'a plus besoin, qu'il veut même cesser d'employer pour sa famille. S'il importait à la prospérité de son industrie que l'État fût bien gouverné, le département et la commune bien administrés, il importe maintenant à la sûreté de ses capitaux, à la conservation de son revenu, qu'il en soit encore de même. Quand les affaires publiques vont mal, les affaires particulières ne vont guère bien; il y a souffrance générale dans la machine sociale; la consommation diminue; le commerce tombe en langueur; les négocians et les fabricans se trouvent bientôt dans un état de gêne; un moment arrive enfin où ils ne peuvent plus faire face à leurs engagemens, et les créanciers se voient obligés au sacrifice d'une partie de ce qui leur est dû.

Employez donc vos loisirs à aider, à sur-

veiller le gouvernement et l'administration ; à
rechercher, à signaler les abus et les fautes ;
à découvrir, à proposer les moyens de les
corriger et d'y rémedier. Offrez-vous géné-
reusement pour remplir les fonctions gratuites
qui vous paraîtront à votre portée, car il est d'une
grande importance qu'elles soient confiées à des
hommes honnêtes et capables. Usez en un mot
de tous vos moyens physiques et intellectuels
pour influer en bien sur l'ordre public, sur la
paix de l'État, sur la prospérité nationale, sur
le bonheur du pauvre et sur le progrès moral
de votre siècle. Vous acheverez ainsi de satisfaire dignement à vos devoirs d'homme et de
citoyen, après avoir rempli ceux d'un bon père
de famille, et en quittant ce monde, vous pourrez
vous rendre le consolant témoignage d'avoir
bien vécu.

Résumé.

Le fabricant qui se retire, perdrait beaucoup,
s'il se bornait à vendre son matériel.

Il doit vendre aussi ses relations commerciales, c'est-à-dire céder la suite de ses affaires.

Il serait honteux à un homme encore vigoureux de corps et d'esprit, d'abandonner une
entreprise industrielle uniquement par amour
du repos.

Le père de famille doit pour le moins à chacun de ses enfans, autant qu'il a reçu de ses
parens, soit en éducation, soit en capitaux matériels.

Il ne peut donc renoncer volontairement au travail, qu'à l'époque où sa fortune égale ce dont il a hérité, multiplié par le nombre de ses enfans.

Les chances que court toujours la fortune la mieux assurée, lui font même une loi de rendre la sienne plus grande encore.

La manière la plus avantageuse et la plus sûre de réaliser et de placer les capitaux d'une industrie, c'est de vendre à termes : on obtient un plus haut prix de l'entreprise, et les faillites sont moins à craindre.

L'hypothèque sur un immeuble est une bonne garantie pour le vendeur; c'est souvent une garantie illusoire pour tout autre.

Quand le fabricant retiré s'associe à son successeur, il rend ses revenus plus considérables, mais aussi il court des risques.

Il faut parfois, dans l'intérêt même des enfans, leur préférer pour successeur, un étranger qui, par sa fortune, ses talens et sa moralité, présente des garanties pour la partie du capital que ne peut couvrir l'hypothèque.

Le fabricant retiré doit faire tourner au profit du pays, l'activité et l'intelligence qu'il n'emploie plus pour sa famille.

Il lui importe encore que les affaires publiques soient prospères.

C'est d'ailleurs une grande consolation, quand on quitte ce monde, de pouvoir se dire qu'on a contribué aux progrès et au bonheur de ceux qu'on y laisse.

TABLE DES MATIÈRES.

FIN DE LA TABLE.

DISCOURS

PRONONCÉ

Dans la séance publique de la Société de pré-
voyance et de secours mutuels, en 1831.

———

MESSIEURS,

Une chose qu'on a peine à concevoir, c'est que tous
les ouvriers ne s'empressent pas d'entrer dans une
association telle que la vôtre, dès qu'ils en apprennent l'existence, dès qu'ils ont une idée des immenses
avantages qu'elle leur offre. D'où vient, se demande-
t-on, qu'exposés à tomber dans l'affreuse misère, par
suite de maladies, d'infirmités et d'un grand âge,
ils se refusent à payer une légère prime, pour être
garantis de ce malheur plus redoutable que la mort,
et pour être assurés de recevoir, sur leur lit de souffrance, des secours et des soins que l'aisance seule
peut procurer ?

Pour moi, je ne vois qu'une seule cause à leur
opiniâtre résistance, et cette cause est le défaut de
bon sens ; car le refus d'acheter un heureux avenir
au prix de légers sacrifices, tient chez les uns à l'a-
mour des plaisirs, chez d'autres à un malheureux
égoïsme mal entendu, chez d'autres à des calculs
qu'ils croient fort justes, et l'amour des plaisirs poussé
à ce point, l'égoïsme qui fait rejeter le bonheur, les
calculs qui font préférer la route de la misère, ne
peuvent provenir que d'un extrême aveuglement, que
d'un esprit incapable de raisonner juste.

J'ai entendu dire par quelques-uns qu'un ouvrier
n'a pas besoin, pour épargner, d'entrer dans la Société
de prévoyance. Sans doute ; mais reste à savoir si
n'y entrant pas il épargnera. Il a bonne envie d'épargner, je veux bien le croire ; il se propose chaque
jour de porter à la caisse d'épargne ses économies
de la semaine, j'en suis persuadé ; mais j'ai peur qu'il
ne ressemble à ces gens qui prennent la résolution de
faire leur testament un de ces matins, et qui meurent
de vieillesse sans l'avoir fait. L'homme est faible à
ce point, que souvent il n'a pas le courage d'exécuter
ses meilleures résolutions : pour se donner un appui
contre lui-même, il a besoin de s'engager. Or c'est
un simple engagement d'épargner que l'on contracte
en entrant dans la Société, puisque les sommes versées à la caisse sont rendues et bien au-delà en secours
et en pensions.

Mais, pour beaucoup d'ouvriers, cette espèce de
sentence qu'on n'a pas besoin de s'associer pour épargner, n'est au fond qu'un prétexte. Ils veulent s'amuser,
voilà tout, et la moindre économie nuirait à leurs
plaisirs. Entrez dans la Société de secours mutuels,
leur dit quelqu'un, vous ferez votre bonheur. Oh !
répondent-ils, nous le ferons bien plus sûrement à
la Caisse d'épargne. Soyez prévoyant, leur dit un
autre ; portez chaque semaine quelques sous à la Caisse
d'épargne, et vous aurez bientôt un capital qui assu-
rera votre avenir. Pas si dupes, répliquent-ils, la
Société de prévoyance offre bien plus d'avantages. Mais
les directeurs des deux établissemens ne reçoivent ni
l'un ni l'autre leur visite. Ces ouvriers-là ne font de
visite qu'aux directeurs de taverne et de guinguette.
Ces ouvriers-là ont horreur des économies, presque
autant que certains malades ont horreur de l'eau. Ils
craignent les voleurs au point qu'ils ne peuvent dormir tranquilles, tant qu'ils sentent quelque chose dans

leurs bourses. Aussi se dépêchent-ils, le dimanche, de dépenser tout ce qu'ils ont gagné dans la semaine, et si le dimanche ne suffit pas pour épuiser leur trésor, ils ont la haute sagesse d'y employer le lundi.

Mais, disent d'autres, c'est se lier pour toute sa vie, que de se fourrer dans une association! — Voyez donc le grand mal! Ne vous liez-vous pas pour toute votre vie à un métier qui vous donne du pain? Ne vous lieriez-vous pas pour toujours à un emploi qui vous assurerait un revenu de quelques milliers de francs? N'êtes-vous pas liés par des nœuds indissolubles, à la grande société nationale qui protège votre liberté, votre industrie, votre propriété, et qui vous impose en retour plus d'un devoir à remplir? Quel motif raisonnable auriez-vous donc de repousser les liens si peu pénibles d'une société de prévoyance? Est-ce pour autre chose que pour votre bonheur, qu'on a formé ces liens? Ce sont de bien doux nœuds que ceux qui unissent des centaines d'hommes, à l'effet de se secourir mutuellement dans la maladie et dans la vieillesse. Y aurait-il sagesse à courir la chance de rencontrer la misère sur sa route, pour le plaisir de se conserver une allure tout-à-fait indépendante? Eh! Messieurs, quel est donc l'homme qui puisse se flatter de vivre vraiment indépendant? Nous dépendons tous plus ou moins les uns des autres; et l'on peut même dire qu'ici-bas le bonheur se paie au prix d'une partie de l'indépendance individuelle. Celui qui voudrait la conserver intacte, courrait grand risque de mourir de faim. L'homme est trop faible pour se passer de ses semblables; mais quand on réclame le secours des autres, il faut, sous peine de n'être pas écouté, prendre l'engagement de leur rendre service à son tour: l'égoïsme fait toujours naître l'égoïsme.

Mais, répliquent-ils, c'est faire tort à sa propre

famille, que de donner ses épargnes pour prix d'une pension viagère. — Est-ce de bonne foi que vous faites cette objection, vous, jeune homme! qui n'avez encore ni enfans ni femme, vous qui ne penserez pas encore de long-temps à vous établir, vous qui ne songez pas même à commencer le capital dans lequel doit trouver l'aisance, cette famille future, objet d'une sollicitude si précoce? Ne serait-ce pas plutôt un nouveau prétexte sous lequel vous cherchez à cacher votre amour pour le plaisir, votre aversion pour l'épargne? Mais, j'admets que mû par de louables sentimens, vous craigniez en effet de déshériter ceux qui un jour vous seront chers: je vous prouverai aisément que leur intérêt même vous prescrit d'entrer dans l'association.

Un sociétaire peut rester 40 ans sans toucher la pension, et pendant ces quarante années, il verse environ mille francs. C'est pour ces mille francs qu'il recevra un revenu viager de cent écus environ. S'il eût porté les mêmes sommes à la Caisse d'épargne, il n'aurait guère que la moitié du même revenu, c'est-à-dire une rente de 150 fr. Mais, dites-vous, il la transmettrait à ses enfans, tandis que sa pension s'éteint avec lui. — Elle ne s'éteint pas tout-à-fait, puisque, d'après le nouveau réglement, la moitié est réversible sur la tête de la veuve. D'ailleurs, un vieillard peut-il vivre avec un revenu de 50 écus? Cela ne fait que 41 centimes par jour, et c'est bien peu pour la nourriture, les vêtemens, le chauffage, le logement et les frais de maladie. Le vieillard sera donc obligé d'ajouter à son revenu, une partie de son capital. S'il vit assez long-temps pour l'épuiser, voilà sa famille plus malheureuse qu'elle ne l'eût été dans le cas d'une pension viagère, puisque la veuve n'aura point la moitié de cette pension. Si le vieillard continue de vivre après avoir épuisé le capital, les efforts seuls de ses proches peuvent le soutenir, et bien loin de leur léguer un petit trésor, il ne leur laisse que la misère pour héritage.

Il y a plus encore : celui qui, pour conserver toutes ses économies à sa famille, voudrait verser 1000 francs de plus à la Caisse d'épargne, au lieu de s'affilier à la Société de prévoyance, pourrait fort bien ne pas parvenir à se former un revenu de 50 écus. Il suffirait pour cela, qu'un accident le mît pour long-temps hors d'état de travailler, ou que des maladies plus nombreuses et plus longues que n'en présente ordinairement un laps de quarante années, vinssent le forcer de vivre sur les sommes déposées : d'un côté, il épuiserait par anticipation le capital déjà formé ; d'un autre, ne gagnant rien, il ne pourrait faire de nouveaux dépôts. Ainsi, Messieurs, vous concevez qu'il est possible que l'ouvrier qui porte toutes ses économies à la Caisse d'épargne, arrive à la vieillesse, sans avoir pu parvenir à se menager des ressources pour cette époque critique. Un tel malheur ne peut jamais arriver aux sociétaires. Votre intérêt bien entendu, et celui de vos familles doivent donc vous engager à préférer les associations aux caisses d'épargne.

Vous direz peut-être qu'en déposant dans ces caisses tout ce dont pourra se passer l'entretien du ménage, vous trouverez de quoi parer aux accidens et aux maladies, sans toucher au capital destiné à votre vieillesse. Oui, je reconnais que la chose est possible, mais alors vous vous bornez à donner du pain à vos enfans ; vous ne pouvez leur procurer ni une bonne nourriture, ni des moyens d'étude ; vous vous mettez hors d'état de les rendre des hommes forts et instruits, et vous leur faites bien plus de tort qu'en les privant même de plusieurs milliers de francs ; car la force corporelle et l'instruction sont les premiers capitaux de l'ouvrier, de tous les hommes ; ce sont des capitaux qui produisent tous les autres, sans exception.

Vous êtes tourmentés de l'honnête désir d'enrichir vos familles ; en voici, à mon sens les meilleurs moyens : affiliez-vous à la Société de secours mutuels, afin qu'aucun événement relatif à votre personne ne puisse faire échouer vos projets ; consacrez la plus grande partie du reste des économies possibles à donner de la force et de l'instruction à vos enfans ; placez l'autre partie à la Caisse d'épargne pour leur laisser, si faire se peut, un capital pécuniaire, en même temps qu'une pension à votre veuve, et tâchez de leur inspirer la résolution de suivre votre exemple, dès qu'ils pourront se créer un revenu. Travail, épargne, prévoyance, voilà les sources de toute fortune honnête ; il n'y en a pas d'autres, je vous le garantis.

Est-il nécessaire d'entrer dans de nouveaux développemens, pour convaincre les faiseurs d'objections qu'en réalité la Caisse d'épargne leur offre bien moins d'avantages que la Société de secours mutuels ! Je crois en avoir dit assez pour les réduire au silence, s'ils sont de bonne foi, et même pour les porter à s'affilier, s'ils ont réellement le désir d'assurer leur avenir et celui de leur famille.

C'est le droit d'admission qui les arrête ; ils le trouvent beaucoup trop élevé. Mais, la Société qui n'a en vue que le bien-être de ses membres, leur donne toutes les facilités possibles de s'acquitter de ce droit d'admission, et le taux en a été fixé avec conscience, dans l'intérêt même du nouveau sociétaire. Ne trouverait-il pas dur, après quelques mois d'affiliation passés sans maladie, de voir le produit de ses cotisations employé à secourir pendant plusieurs jours, plusieurs semaines, plusieurs mois, peut-être, un confrère qui récemment reçu n'aurait encore versé à la caisse commune qu'une ou deux pièces de 40 sous. On peut estimer à une centième d'écus ce que l'association paye en secours à chacun de ses membres, parce que l'expérience et le calcul apprennent qu'un homme de 20 ans peut s'attendre à 120 jours de maladie dans les 40 années suivantes. Eh bien ! qu'un associé eût le malheur de subir la plus grande partie de ces jours de douleur, dès son entrée dans la Société, il ferait sortir au moins 200^f de la caisse commune, et s'il venait à mourir, ces 200^f seraient un don gratuit fait à la famille du décédé, une véritable perte pour l'association, une perte qui, répétée souvent, la conduirait infailliblement à une prompte ruine. Est-ce donc trop d'exiger 25 fr. pour garantie contre une perte assez probable de cent écus ? Il serait difficile de l'affirmer avec justice.

Battus sur le droit d'admission, comme sur toutes les objections précédentes, les détracteurs de la Société de prévoyance se rejettent sur la pension. Ils ont trouvé le droit trop fort, et maintenant la pension leur paraît trop faible. Étrange contradiction ! Pourquoi ne demandent-ils pas aussi la réduction de la cotisation mensuelle ? Pourquoi ne disent-ils pas franchement : nous voudrions ne rien donner et recevoir beaucoup ? Ils oublient que la Société n'est pas un bureau de charité. Sa caisse est une espèce de tontine où chacun verse une petite rente, dont profiteront seuls ceux qui auront le bonheur ou le malheur de passer la soixantaine. Que les détracteurs aient le bon esprit de s'affilier, la pension deviendra très-forte. Mais aujourd'hui la sagesse défend de l'élever à un taux qui force à entamer le capital commun. La somme totale des pensions à payer doit, pour le moment, ne point surpasser l'intérêt à 10 p. % de ce capital, si l'on veut que l'association soit durable et long-temps prospère.

Mais j'entends dire que, de cette façon, la caisse sociale finira par posséder des sommes énormes, si le nombre des associés augmente sans cesse. Tant mieux, les pensionnaires ne s'en plaindront pas : au lieu de

recevoir tout juste de quoi vivre, ils jouiront d'une
véritable aisance pendant leur pénible vieillesse. Toutefois, qu'on ne s'imagine pas que le capital social
puisse s'accroître outre mesure : plus il y aura d'associés, plus aussi il y aura de malades à secourir, et,
je l'ai déjà dit, le malade reçoit souvent beaucoup
plus qu'il ne donne. D'ailleurs, les sociétaires qui
existeront au moment d'une haute prospérité, seront
toujours libres de reviser le réglement et de prendre
telle mesure qui conviendra aux intérêts de tous. Le
capital, quel qu'il soit, leur appartiendra, comme les
mises des joueurs appartiennent à celui qui gagne la
partie.

Reste à combattre une dernière objection qui n'a
rien de solide, mais dont plusieurs jeunes ouvriers s'é-
tayent avec quelque apparence de raison, si ce n'est
pour se refuser à entrer dans la Société, du moins
pour ajourner leur affiliation. Ils disent que, pouvant
prendre part à l'association jusqu'à l'âge de 35 ans,
il est de leur intérêt de ne s'y présenter qu'à cet âge ;
qu'ils économiseront ainsi beaucoup de cotisations
mensuelles, et n'en auront pas moins droit à la pension
comme le sociétaire admis à 20 ans. Tout cela est vrai ;
mais de combien sera l'économie ? de 378 fr. tout au
plus, et si, pendant les quinze années que l'ouvrier
s'abstiendra de se faire affilier, il vient à éprouver les
120 jours de maladie auxquels tout homme est exposé, il perdra les 348 fr. que la Société lui aurait
payés en visites de médecins, en médicamens et en
secours pécuniaires ; son profond calcul lui vaudra
donc une faible somme de 20^f, supposé toutefois qu'il
ait eu assez d'empire sur ses goûts et ses passions pour
économiser tout ce qu'il aurait versé en 15 ans dans
la caisse sociale.

Qu'au lieu de faire de simples maladies, il devienne
victime d'un de ces affreux accidens qui mettent pour

toujours un ouvrier hors d'état de travailler, trouvera-
t-il de quoi vivre dans ses modiques économies ? non
sans doute : jeune encore, il connaîtra la misère, et
n'aura d'autre ressource que la charité publique. Qui
ne frémirait pas à l'idée d'un pareil malheur ? et cependant on s'y expose de gaîté de cœur, quand on
s'obstine à rester en dehors de l'association. Les sociétaires n'ont pas du tout à le craindre, car ils reçoivent une demi-pension, dès qu'ils deviennent inca-
pables de travailler avant l'âge de 60 ans.

Enfin, Messieurs, les jeunes gens sont mortels
comme les personnes âgées : dans 15 années, il meurt
plus du cinquième des individus de 20 ans, et nul ne
peut répondre d'être au nombre des survivans de 35
ans. Si donc un de ceux qui ajournent jusqu'à cet
âge leur affiliation, vient à mourir marié avant d'être
admis, il laisse une veuve dont la vieillesse n'est point
assurée contre le besoin. C'est alors qu'on peut
dire avec vérité qu'il a déshérité sa famille, puisque,
mort sociétaire avant sa soixantième année, il eût
légué à sa veuve le droit d'obtenir la demi-pension,
moyennant le modique versement de 2 fr. par mois.
Que deviennent donc les profonds calculs de nos re-
tardataires ? Ils se croient plus avisés, plus fins que
les autres ; il s'applaudissent tout bas d'un égoïsme
qui doit leur être si profitable, et voilà que nous trouvons, en y regardant un peu, qu'ils sont dupes de
leurs prétendues lumières.

Espérons, Messieurs, que les raisons qui viennent
d'être opposées à de futiles motifs, que l'accroissement continu de la Société de prévoyance, que les
nombreux bienfaits qu'elle a déjà répandus et qu'elle
répandra chaque jour, détermineront enfin à venir
vers elle, les honnêtes ouvriers qui jusqu'ici sont restés
sourds à sa voix. Comment auraient-ils le courage
de résister encore, quand ils voyent toutes les classes

de citoyens et ceux mêmes qui leur sont le plus dévoués s'empresser d'étayer l'association! Ce concours de leurs vrais amis, ne doit-il pas les convaincre que leur intérêt, que leur bonheur exige qu'ils se hâtent de s'unir à leurs frères? Ne serait-il pas honteux qu'ils se refusassent à quelques légers sacrifices, qu'ils ne voulussent rien faire pour eux-mêmes, lorsque tant d'hommes s'occupent avec zèle et désintéressement, à leur assurer un avenir heureux? Aide-toi, le ciel t'aidera, dit la sagesse des nations. Aide-toi, ton frère t'aidera, ajouterai-je à ce vieil adage. Comment en effet pourrions-nous travailler efficacement à l'amélioration morale et physique d'hommes qui résisteraient à notre impulsion? Il faut qu'ils nous secondent; l'intérêt et le devoir leur en font une loi; appelés à vivre en hommes libres, à exercer les droits du citoyen au sein d'une nation grande et glorieuse, il faut qu'ils s'adonnent à l'étude pour acquérir de l'instruction, et qu'ils s'assurent mutuellement des moyens d'existence pour éviter la misère qui dégrade l'homme. Ainsi, mais seulement ainsi, ils arriveront à ce degré de civilisation qui rend digne de la liberté, parce qu'il permet d'en jouir avec sagesse, et qui attire sur un peuple l'admiration, le respect même des autres peuples, parce qu'il montre que tous les citoyens sont égaux en vertus comme en droits.

www.ingramcontent.com/pod-product-compliance
Lightning Source LLC
Chambersburg PA
CBHW070526200326
41519CB00013B/2954